数字经济
系列教材

U0331259

商务智能与
数据挖掘

主 编◎刘平山 黄宏军 黄 福 张海涛

上海交通大学 出版社

SHANGHAI JIAO TONG UNIVERSITY PRESS

内容提要

本书作为"数字经济"系列教材之一,介绍了商务智能相关概念和技术,包括数据仓库、联机处理分析、各种数据挖掘技术及其应用等。全书共分 9 章,主要内容包括商务智能概述、数据仓库、联机分析处理、数据挖掘基础、关联分析、分类分析、聚类分析、文本分析、Web 挖掘。

本书可作为高等院校数字经济专业、信息管理与信息系统专业、数字金融专业、电子商务专业等相关专业的本科生、研究生的教材,也适合企事业单位、政府部门、研究机构等从事商务智能相关工作的人员参考使用。

图书在版编目(CIP)数据

商务智能与数据挖掘/刘平山等主编. —上海:
上海交通大学出版社,2022.12
ISBN 978 - 7 - 313 - 27277 - 5

Ⅰ.①商…　Ⅱ.①刘…　Ⅲ.①电子商务-高等学校-
教材②数据采集-高等学校-教材　Ⅳ.①F713.36
②TP274

中国版本图书馆 CIP 数据核字(2022)第 148139 号

商务智能与数据挖掘
SHANGWU ZHINENG YU SHUJU WAJUE

主　　编：刘平山　黄宏军　黄　福　张海涛
出版发行：上海交通大学出版社　　　　　地　　址：上海市番禺路 951 号
邮政编码：200030　　　　　　　　　　　电　　话：021 - 64071208
印　　制：常熟市文化印刷有限公司　　　经　　销：全国新华书店
开　　本：787mm×1092mm　1/16　　　印　　张：10.5
字　　数：243 千字
版　　次：2022 年 12 月第 1 版　　　　　印　　次：2022 年 12 月第 1 次印刷
书　　号：ISBN 978 - 7 - 313 - 27277 - 5　ISBN 978 - 7 - 89424 - 310 - 2
定　　价：48.00 元

编 委 会

总　　序

随着信息数字技术的快速发展与普及应用,数字经济浪潮势不可挡。2017年《政府工作报告》首次提出"数字经济",提出推动"互联网＋"计划深入发展,促进数字经济加快增长,从而将发展数字经济上升到国家战略的高度。2021年中国数字经济规模达到45.5万亿元,占国内生产总值(GDP)比重超过三分之一,达到39.8%,成为推动经济增长的主要引擎之一。数字经济在国民经济中的地位更加稳固,支撑作用更加明显。

在国家数字经济战略背景下,外部环境的数字化转变决定了数字化转型将会是未来传统企业的必经之路和战略重点,这使得未来市场可能出现巨大的数字人才需求。波士顿咨询公司发布的《迈向2035:4亿数字经济就业的未来》报告认为,当前中国数字人才缺口巨大,拥有"特定专业技能(尤其是数字技能)"对获取中高端就业机会至关重要,并预测到2035年中国整体数字经济就业容量将达4.15亿人。可以预见,应用型数字经济人才将成为未来市场上最为短缺的专业人才。

为了对接国家数字经济发展战略和未来市场的数字经济人才需求,我们策划、组织编写了这套"数字经济"系列教材,其目的在于:

(1) 系统总结近年来我国数字经济领域涌现的新理论、新技术、新成果,为我国数字经济从业人员提供智力参考;

(2) 提供数字经济专业教材,为高水平数字经济人才的培养提供一套系统、全面的教科书或教学参考书;

(3) 构建一个适应数字经济理论和数字技术发展趋势的科研交流平台。

这套数字经济系列教材面向应用型数字经济专业人才的培养目标,即培养兼具现代经济管理思维与数字化思维,又熟练掌握数字化技能的高素质应用型产业数字化人才。这套教材全面反映了数字经济理论、信息经济学理论及其最新进展,注重数字经济理论、数字技术与应用实践的有机融合,体现包括区块链、Python、云计算、人工智能等高新技术的最新进展和在各类商业环境下的应用,这其中着重强调Python作为大数据分析工具在财务和经济两大领域的应用。这套教材可以为数字经济相关专业背景的学生或从业人员提供研究数字经济现象问题的理论基础、建模方法、分析工具和应用案例。

希望这套教材的出版能够有益于我国数字经济专业人才的培养,有益于数字经济领域的理论普及与技术创新，为我国数字经济领域的科研成果提供一个展示的平台，引领国内外数字经济学术交流和创新并推动平台的国际化发展。

袁胜军

2022 年 1 月

前　　言

随着云计算、大数据、物联网、移动互联网和人工智能等信息技术的快速发展,数据采集的范围越来越广,数据存储的量越来越大,数据处理能力不断提升。数据产生的价值已经被广泛验证,并且日益被重视。由数据(IoT、传感器、大数据)+算力(云计算、边缘计算)+算法(流程模型、人工智能)定义的数据生产力潮流正滚滚而来,人类社会已经进入数字经济时代。2019年,全球市值排名前十的公司中有七家是互联网软件公司,这些互联网公司的数据处理能力强大,以数据为生产要素的数据生产力带来的竞争优势日益凸显。在数字经济时代,为了在竞争激烈的市场环境中生存,一个企业必须提高自身的数据生产力,从而提升自身的核心竞争力。

在数字经济时代之前,企业的信息化也在不断发展,尤其是商务智能的价值不仅在产业界得到了体现,而且在产业界得到了广泛应用。在商务智能广泛采用之前,企业的决策往往基于企业管理者个人的主观经验和能力,容易与现实偏离,产生错误决策。而商务智能决策是建立在客观数据分析的基础上,可打破传统经验决策的主观局限性,因而得到广泛的应用。商务智能是一种决策支持技术,也是以数据为生产要素的一种数据生产力,能够增强企业各个层级的决策水平,提升企业的决策质量。它可以基于企业内部和外部的数据,进行统计分析和数据挖掘,帮助企业管理者了解企业业务运营情况,实时掌握企业的业务进展情况,预测业务发展趋势,从而帮助企业降本增效,促进企业健康发展。

数字经济时代的到来以及大数据分析技术的发展,引领着商务智能向纵深发展,进一步挖掘商务智能这种数据生产力的潜能。如今,企业能通过各种途径搜集到前所未有的大数据,结合强大的算力和支持商务智能的算法,商务智能应用对于企业业务的分析更加精准和全面。而且,基于全面、系统、深刻地商务智能分析,企业管理者还有可能进行商业模式创新。商务智能的应用深度和广度在数字经济时代也得到了扩展,从早期仅仅应用在零售、电信、金融等行业逐渐扩展到如今更多的行业,从早期的销售数据报表分析逐渐扩展到如今企业全价值链上的活动分析。在技术层面,商务智能早期主要用于报表、数据仓库和多维分析。如今,数据挖掘、机器学习(深度学习、增强学习)等技术在商务智能中也被成功应用,使得商务智能的价值进一步提升。商务智能在一个企业的有效应用已成为该企业数据生产力提高的重要指标。

商务智能的实现依托众多的信息技术,主要包括数据库、数据仓库、联机分析处理、多维数据模型、各种数据挖掘技术等。商务智能的核心是数据仓库,数据仓库是汇聚和存储多种来源数据的地方。数据库是实现数据仓库的底层技术之一,其内容有单独的教材讲授。联机分析处理和各种数据挖掘技术,可以对数据仓库中的数据进行加工,为各级管理人员提供有意义的资讯,辅助管理决策。

本书围绕商务智能,介绍了商务智能相关概念和技术,包括数据仓库、联机处理分析、各种数据挖掘技术及应用等。本教材的组织架构如下。全书共分为9章。第1章主要介绍商务智能背景、概念以及相关应用案例。第2章主要介绍数据仓库定义、相关概念和开发方法,引入了数据湖、数据中台等新概念,并与数据仓库进行对比。第3章主要介绍联机处理分析OLAP的概念,与联机事务处理进行了对比,重点介绍了多维数据模型和OLAP常用操作。第4章主要介绍数据挖掘相关概念、数据预处理方法、数据挖掘流程。第5章主要介绍数据挖掘中关联规则的概念、实现步骤以及常用的算法和关联规则的评价方法。第6章主要介绍分类的概念、建模过程以及基础分类算法、高级分类算法和分类异常检测。第7章主要介绍聚类分析的概念和基础方法、基于聚类的异常检测、高级聚类方法。第8章介绍了文本分析的概念和步骤,涉及自然语言处理技术以及文本挖掘、情感分析、文本可视化等的概念和实现任务。第9章主要介绍Web挖掘概念、Web挖掘流程、三类Web挖掘以及PageRank算法。

在本书的编撰和出版过程中,感谢上海交通大学出版社的大力支持和服务。本书编写团队由于水平有限,书中存在的疏漏和疏忽之处,恳请广大读者批评指正。

编 者

2022年5月

Contents

目　　录

第1章

商务智能概述

📖 **本章知识点**

(1) 了解商务智能产生的背景。

(2) 掌握商务智能的概念、商务智能的架构及其作用。

(3) 理解数据、信息、知识、决策的概念及其相互关系;了解决策和决策支持系统。

(4) 了解商务智能在不同行业和部门中的实际应用。

全球化对于企业来说既是重要的机遇,也是一个无法回避的严峻挑战。今天的企业必须学会利用先进的信息技术来抓住机遇,提升其应变能力和敏捷性,应对各种变化和挑战。自 20 世纪 90 年代以来,越来越多的企业开始开发和应用各类信息系统,同时各种行业系统也在此期间得到长足发展,如电讯行业的计费系统、生产制造的 MES (manufacturing execution system) 系统、零售分销行业的 ERP (enterprise resource planing)系统等。信息技术的发展和信息系统的广泛利用使得企业每天都能从内部和外部获取海量数据,但是大多数企业往往被淹没在数据的细节当中,无法找到隐藏在数据背后的规律,发掘数据真正的价值,从而进行高效精准的决策。统计表明,目前大多数企业未能有效地利用数据,其决策主要依赖于"直觉""本能"或"最佳猜测"。而商务智能 (business intelligence,BI)已经成为当今企业应对日趋激烈的全球竞争的利器,越来越受到学术界和企业界的重视。商务智能可以帮助企业整合来自内部和外部数据源的数据,使之转化为有用的信息和知识,其与一般的面向交易的系统相比,在实现精细化管理、提升预测决策水平进而提升企业竞争优势方面有着无可匹敌的优势。

1.1 商务智能的背景

当前的企业面临着愈发严酷、复杂多变的商业环境,只有那些能够敏锐地感知环境变化并做出应对的企业才能生存,而事实上大多数企业是难以适应环境变化的。1983 年,壳牌石油公司的一项调查表明,1970 年名列《财富》(*Fortune*)杂志 500 强排行榜的公司,有 1/3 已经销声匿迹。依壳牌石油公司的估计,大型企业的平均寿命不到 40 年。在 1990 年

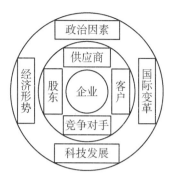

图1-1 企业面临的直接环境因素和全球环境因素

财富500强名单里,有多少1981年财富500强的企业已经榜上无名?答案是约50%。在2000年财富500强名单里,有多少1991年财富500强的企业已经被移出榜单?答案是约70%。朗讯、通用汽车、宝丽来、柯达等这些企业曾经都是其所在行业的龙头企业,但是结局却是:朗讯被兼并,通用汽车由美国政府注资控股来挽救,宝丽来破产,柯达被破产保护。虽然它们都曾是行业翘楚,但在面临严峻挑战的时候,却没能做出快速有效的响应,以至于无法很好地生存或发展。图1-1显示了当前企业所面临的环境因素,可以分为直接环境因素和全球环境因素。其中,直接环境因素包括客户、供应商、竞争对手和股东等;而全球环境因素则包括政治因素、经济形势、科技发展、国际变革等。

1.1.1 直接环境因素的影响

1. 供应商和客户

每个企业都拥有自己的供应链,包括了上游的供应商和下游的客户。根据波特的竞争力模型,供应商的议价能力和客户的议价能力对企业有着举足轻重的影响。全球化使企业在选择供应商时有了更多的选项,一般来说这意味着企业对供应商有了更强的议价能力,但是全球化带来的国际分工不可避免地使一些核心供应商具备了垄断的能力:如全球铁矿石的供应商主要集中在巴西和澳大利亚;欧美的一些企业掌握了核心芯片的研发和制造能力,从而也掌握了定价权,如荷兰的ASML公司具有目前世界上最先进的光刻机的制造能力,中国台湾的台积电公司具备最先进的芯片制造能力。受国际政治因素的影响,这些供应商或主动或被迫对中国客户企业断供,如华为公司受芯片断供影响,被迫出售了手机子品牌荣耀。因此,在某些行业,一个企业的供应商能对企业产生重要且深远的影响。

同时,客户的议价能力也在增强。因为全球化使得客户有了更多合格乃至优质供应商可供选择,如果一个企业无法提供差异化的产品或服务,只能单独在价格上竞争的话,那么其很容易被替代。而当企业能够提供更高质量、更低成本或者更符合客户要求的产品或服务的时候,企业自然会立于不败之地。

2. 竞争对手

根据波特的竞争力模型,大多数时候企业面临的最大威胁来自其直接竞争对手。在一个竞争激烈的行业,只有那些能够不断创新,不断向客户提供新产品和服务的企业才能生存和发展。而充分利用信息技术正是当今企业保持核心竞争力、维持其竞争优势的重要手段。

3. 股东

股东作为企业的重要利益相关者,会受到企业发展的影响,如立讯精密原来作为苹果iPhone手机的供应商之一,销售收入和利润一直有不错的表现。而在2021年上半年苹果公司将其剔除出供应链,立讯精密的股价大跌,持股股东都损失惨重。与此同时股东也会对企业的发展战略和方向产生决定性影响,如乔布斯曾被董事会赶出过苹果公司,也由于董事会的支持于 10 年后重归苹果公司。如果没有大股东为主导的董事会的支持,乔布斯可能再也无法回归,而苹果今天的辉煌也就无从谈起。

1.1.2　全球环境因素的影响

一般认为,1492 年哥伦布发现新大陆可以作为全球化的开端。近代先进的交通和通信技术的出现为全球化提供了更多便利,加速了全球化的进程。"全球化"(globalization)一词于 1944 年出现在一篇英语论文中,并于 1961 年出现于英语词典中。而作为一个系统的学术概念和分析工具的全球化,则是由提奥多尔·莱维特在 1983 年提出的,主要是用来描述全球经济的扩散现象。全球化可以分为以下几个部分:生产全球化、贸易全球化、金融全球化、投资全球化。全球化要求把企业运作看作是全球性的棋局,从全球的角度考虑供应、生产和销售的问题。全球化给世界各国带来新的机遇,发达国家可以获得发展中国家更为广阔的市场、廉价的劳动力和资源以及优惠的税收和土地政策;而发展中国家如中国可以积极参与国际分工,发挥人口、劳动力的比较优势,从而取得飞速的发展。同样,一个企业,无论其来自发达国家或发展中国家,都能从全球化中获益。但是,面临纷繁复杂外部环境,大多数公司并不能敏锐感知环境变化并做出合适的应对。

1. 政治因素

地缘政治会对企业的生存环境产生十分重大的乃至致命的影响。政治风险是指完全或部分由政府官员行使权力和政府组织的行为而产生的不确定性。政治风险更多与海外市场风险有关,但适用于国内外所有市场,用蝴蝶效应来形容地缘政治风险对企业的影响可能更为恰当。如海湾地区发生局部战争的风险可能会促使国际油价短期大幅上升,影响到原油供应,增加原油加工企业的成本,进而影响其利润。近年来,中国企业在海外进行了很多投资并购,在中国企业"走出去"的进程中,由于与东道国的文化、意识形态和政策制度等政治环境差异,使得中国对外投资频频"亮红灯":华为联合贝恩资本收购美国通信设备商 3Com 公司失败,墨西哥政府无限期搁置高铁招标计划……据统计,中国企业在境外投资的失败比例高达 70%。近年来的研究显示:政治风险成为中国企业"走出去"面临的最大风险,它将导致企业财务预期目标无法达成,陷入财务风险。

2. 经济形势

自 20 世纪 90 年代以来,世界经济整体呈上升趋势,但是在一定时期内也存在着一些波折。如 2000 年左右互联网泡沫的破灭,导致很多互联网企业破产或被并购;2008 年美国次贷危机引发的全球金融危机导致一些大型金融企业如雷曼兄弟破产,而通用汽车这样的制造类巨头也只能依靠美国政府的输血才得以存活。在经济上升的周期中,大部分企业都能享受到经济增长的红利;同样在经济下行的周期中,更多的企业只能在生存边缘苦苦挣扎。对于很多企业来说,生存是第一要务,对经济形势的误判会造成致命的决策失误,而信息技术是企业感知环境、提升决策水平进而确保生存的有力武器。

3. 国际变革

文化潮流的多元化,消费理念的变化,低碳环保的趋势等,这些国际变革都会对企业的运营产生重要的影响。如我国的减排目标是在 2030 年碳达峰,2060 年碳中和,此目标对相关的新能源行业如新能源汽车是巨大的利好,但对一些传统能源企业、高能耗的制造企业来说则可能意味着致命的利空。

4. 科技发展

计算机技术、航空工业、生物技术等高科技行业的发展催生了大量的新兴企业,进而带动了相关行业的迅猛发展。自 21 世纪初开始,互联网、电子商务、移动互联网、大数据、人工智能等新的技术和应用如雨后春笋般呈爆炸性增长,大批的互联网企业在此基础上蓬勃发展。科技的发展促进了一些新的商业模式的产生,如社交网站、在线出版、在线音乐和软件,一些企业抓住了机遇,得以发展壮大,但是新技术的应用也使得一些商业模式变得过时。在 2000 年之前,传统音乐产业控制了从生产到营销和销售所有的环节,但在 2000 年之后在线音乐服务逐渐改变了传统音乐产业的运营模式,以苹果公司为首的在线音乐服务商目前已经控制了最重要的、利润率最高的音乐营销及销售环节,传统的音乐销售模式早已不具有当年的影响力,这使得像索尼、环球这样大的音乐厂商只能被迫与在线音乐分销商合作,其利润也大大降低。因而,企业必须能够敏感地意识到科技发展对自身行业造成的威胁及其带来的新的机遇,并采取相应的对策。

从以上分析可以看出,企业若想在复杂多变的环境中生存和发展,必须能够敏锐感知到环境的变化并加以正确应对,而商务智能就是当今企业实现此目标的有力武器。

1.2 商务智能的基本概念

1.2.1 商务智能的定义

商务智能的概念最早由加特纳集团(Gartner Group)于 1996 年提出,自 20 世纪 90 年代以来已成为业界关注的热点。目前关于商务智能并没有一个统一的定义,有人认为它是经理支持系统（executive support system,ESS）,有人认为它等同于决策支持系统(decision support system,DSS),有人说它是数据库技术,有人说它是数据仓库,有人说它是数据集市,有人说它是在线分析处理工具,有人说它是数据挖掘,有人说它是统计分析……下面列举几个有代表性的定义:

商务智能描述了一系列的概念和方法,通过应用基于事实的支持系统来辅助商业决策的制定。商务智能技术提供使企业迅速分析数据的技术和方法,包括收集、管理和分析数据,将这些数据转化为有用的信息,然后分发到企业各处。(Gartner Group)

商务智能是为了商业收益把数据转化为知识,把知识转化为行动。(Data Warehouse Institute)

商务智能是个概念性术语,它包括了框架、工具、数据库、分析工具、应用和方法论。(美 Turban 等)

商务智能把企业的运营数据转化为信息或知识,在正确的时间把正确的信息以正确的方式传递给正确的用户。(美 Liautaud)

本书认为,商务智能是指企业利用现代信息技术从企业内部和外部环境收集数据,经过清洗、存储、综合,并利用先进的技术和工具对数据进行分析,使各级管理人员可以获得决策所需的知识和洞察力,提升商务决策水平,进而提升企业的综合竞争力。

此定义有几个要素需要注意。

1. 信息技术

现代信息技术的迅猛发展为信息经济和信息社会的出现提供了基础,在这一新型的经济和社会形态中,信息的爆炸式增长反过来又催生了对能够高效、高质量处理信息的新技术的强烈需求,而商务智能正是信息技术在商务信息分析和处理方面的有效利用。商务智能处理过程中所涉及的信息技术主要有:从多个不同的数据源(企业内部和外部来源)收集的数据中提取出有用的数据,对数据进行清洗以保证数据的质量,将数据经转换、重构后存入数据仓库或数据集市,然后利用相应的查询、报告和分析工具及数据挖掘工具对信息进行处理,最后将上述过程所产生的有用的知识呈现于用户面前。

2. 数据收集和管理

数据收集是分析数据的前提,故而此项工作是十分重要的。企业数据的来源主要包括内部和外部来源,如表 1-1 所示。内部来源主要指企业内部的各类信息系统,如业务处理系统(TPS)、管理信息系统(MIS)、决策支持系统(DSS)、企业资源规划(ERP)、客户关系管理(CRM)、供应链管理(SCM)、知识管理系统(KMS)、电子商务(E-commerce)等系统。此类数据种类繁杂,数据量极为庞大。同时,商务智能也要结合很多来自企业外部的数据进行分析:如竞争对手的信息;政府部门的各项规章制度及政策、法律法规的变化;互联网上的关于技术趋势、消费热点、产品与服务口碑、用户满意度等数据;金融机构的信用评级、融资政策、贷款政策等数据。此外,第三方数据也是商务智能重要的外部数据来源之一,包括第三方所发布的市场调研报告、人口统计报告、客户信用报告等。内部数据源以结构化数据为主,而外部数据源则以半结构化和非结构化数据为主。目前,内部数据源是商务智能系统最主要的数据来源。

表 1-1　商务智能的数据来源

商务智能数据来源(企业内部)	商务智能数据来源(企业外部)
业务处理系统(TPS)	竞争对手
管理信息系统(MIS)	政府部门
决策支持系统(DSS)	互联网
企业资源计划(ERP)	金融机构
供应链管理系统(SCM)	第三方数据
客户关系管理系统(CRM)	
知识管理系统(KMS)	

数据管理是指对数据的存储、提取、清洗、转换、装载、整合等工作的总称,其目的是提高数据的质量和安全性。

3. 数据分析

商务智能中的分析功能较一般常见的信息系统更加强大而全面,可以针对数据给出更加精确的分析结果,同时能够支持精准的预测。分析功能主要包括数据查询、数据报告、联机分析处理(online analytical processing,OLAP)、多维分析、数据挖掘、高级统计分析等。

1.2.2 商务智能的架构

目前,关于商务智能的架构有不同的观点。如美国著名学者埃弗瑞姆·特伯恩(Efraim Turban)从组织高层应用出发,提出商务智能系统包括4个主要组成部分:数据仓库、商业分析、业务绩效管理(business performance management,BPM)和用户界面。此外,目前比较流行的有联合BI架构、集中式BI架构、分布式BI架构、混合式BI架构等。针对不同的企业规模、信息来源复杂程度、信息需求等因素,企业可以选择适合自身实际情况的架构。

为了便于理解,本书采用了一个通用的商务智能架构,如图1-2所示。在此架构中,商务智能系统分为5个部分:数据源(包括内部和外部数据源);数据的抽取(extract)、转换(transform)、加载(load)即ETL过程;数据仓库;商业分析工具;用户界面。从图中可以看到商务智能分析的具体业务流程:企业对从数据源采集的数据进行抽取、转换之后,将数据加载到数据仓库,然后根据用户发出的请求,利用联机分析处理和数据挖掘等商务智能分析工具对数据仓库中的数据进行分析,在用户界面中以适当形式(如数字仪表盘)显示出来,以支持各种商业决策。

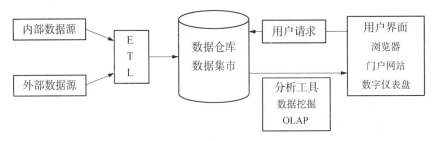

图1-2 商务智能的架构

1. 数据源

商务智能的数据源包括来自各类现有企业信息系统的内部数据源和外部数据源(见表1-1),其中内部数据源是商务智能主要数据来源。

2. ETL过程

ETL是将从数据源中采集的数据经过抽取(extract)、清洗(cleansing)和转换(transform)之后加载(load)到数据仓库的过程,目的是将企业内外部分散、零乱、标准不统一的数据整合到一起,为企业的决策提供分析依据。

3. 数据仓库和数据集市

数据仓库(data warehouse,DW)是为企业所有级别的决策制定过程提供所有类型数据支持的战略集合。数据仓库为满足分析性报告和决策支持目的而创建,可以为需要商务智能支持的企业提供指导业务流程改进,监视时间、成本、质量以及控制。可以说,数据仓库是商务智能系统的基石。以往的数据仓库中仅包括历史数据,目前很多数据仓库也包括了当前的数据,因而可以为用户提供实时决策支持。

从本质上来说,数据集市(data mart)是数据仓库的子集。数据集市专注于特定的数据子集,而不是存储整个公司的数据。它们可以存储更频繁使用的数据,或仅一个部门使用的数据。其优点在于,实施数据集市的成本比数据仓库低很多,而且它们可以通过限制数据库的复杂性为非 IT 员工提供更好的用户体验。

4. 商务智能分析工具

目前商务智能分析工具主要包括联机分析处理(online analytical processing,OLAP)和数据挖掘(data mining,DM)。

联机分析处理是共享多维信息的、针对特定问题的联机数据访问和分析的快速软件技术。它通过对信息的多种可能的观察形式进行快速、稳定一致和交互性地存取,允许管理决策人员对数据进行深入观察。在企业中,很多场景下的决策数据是多维数据,多维数据就是决策的主要内容。OLAP 专门设计用于支持复杂的分析操作,侧重对决策人员和高层管理人员的决策支持,可以根据分析人员的要求快速、灵活地进行大数据量的复杂查询处理,并且以一种直观易懂的形式将查询结果提供给决策人员,以便他们准确掌握企业的经营状况,了解对象的需求,制定正确的方案。

联机分析处理具有灵活的分析功能、直观的数据操作和分析结果可视化表示等突出优点,从而使用户对基于大量复杂数据的分析变得较为容易而高效,以利于迅速做出正确判断。

数据挖掘又称数据库中的知识发现(knowledge discover in database,KDD),是目前人工智能和数据库领域研究的热点问题,所谓数据挖掘是指从数据仓库的大量数据中揭示出隐含的、之前未知的并有潜在价值的信息的非平凡过程。换句话说,数据挖掘是从大量的、不完全的、有噪声的、模糊的、随机的数据中提取隐含在其中的、人们事先不知道的,但又是潜在有用的信息和知识的过程。数据挖掘是一种决策支持过程,它主要基于人工智能、机器学习、模式识别、统计学、数据库、可视化技术等,高度自动化地分析企业的数据,做出归纳性的推理,从中挖掘出潜在的模式,帮助决策者调整市场策略,减少风险,做出正确的决策。

5. 用户界面

用户界面在商务智能分析中也十分重要。常用的显示工具如数字仪表盘是一种可以显示关键业绩指标(key performance indicators,KPI)、趋势和异常状态的可视化视图。它可以整合公司不同地区或分部的信息,通过与预期或计划的数据对比,可以显示企业真实的绩效图表,从而可以一目了然地看出企业运营是否健康。企业门户网站(web portal)是另外一种常见的发布和显示信息的工具。另外有很多专业的可视化工具和软件如地理信息系统(geographical information system,GIS)也可以应用于商务智能系统之中。

1.2.3　商务智能的作用

从企业所面临环境的因素可以看出,企业若想生存和发展,必须能够敏锐感知甚至预测环境可能发生的变化,并采取及时、正确的对策。以往企业尤其是大型企业每天都会产生大量的业务数据,对其进行收集和存储需要投入大量的人力物力,很多时候已经超越了企业能够处理的极限,因此大量有价值的信息被湮没在这些海量数据之中无法被发现和利用。管理层也很难实时准确地掌握企业最新的运营状态,更无法及时地做出正确决策。利用商务智能系统可以在企业日常运营管理中从内部和外部收集大量的数据,对其进行存储、分析,并使之转化为服务于企业管理和决策的知识。商务智能可以在以下 6 个方面发挥作用。

1. 提升运营管理水平

商务智能可以帮助企业管理者更好地理解业务,识别业务的推动力量和趋势、对业务产生影响的变化和行为以及这些影响的可能后果,从而提升企业运营管理水平,做到精细化管理。精细化管理的核心思想是快、精、准,这几个基本要求都需要商务智能的强力支撑:

(1)反应快。要求自上而下的实时控制,利用商务智能分析各种业务系统提供的数据,发现异常,使管理者特别是高层管理者能够在第一时间发现问题所在。

(2)数据细。能对问题源头进行追溯,需要向下钻取(drill down)、向上汇总(roll up)、交叉分析、关联分析等基本技术支撑,否则即使看到问题也不知道其根源在哪里。

(3)问责准。能够把问题落实到负责人,问题出在谁身上? 谁该被问责? 谁该进行工作改进?

2. 改善绩效

商务智能可以帮助企业利用平衡记分卡(balanced score card)更加合理地制定绩效指标,并利用数字仪表盘等工具对企业绩效进行监控和评估,从而及时发现关键问题所在,并针对问题快速提出解决方案,进而改善企业总体绩效。如数字仪表盘可以提示管理者某种产品的售后咨询较上月有明显提升,这意味着此产品可能存在质量问题,企业应该迅速跟进,以明确该产品是否存在问题,并及时进行相应处理。

3. 加强与客户及供应商的联系

很多大中型企业已经运行供应链管理系统和客户关系管理系统多年,商务智能可以基于上述系统提供的数据对供应链以及客户进行更加精确的分析,从而能够极大地提高供应链的效率和透明度,更好地服务客户,提升客户的满意度和忠诚度,最终提升企业的效益。

4. 获取竞争优势

企业如果能充分地发掘商务智能的潜力,可以极大地提升自身运营水平,更好地与供应商和客户协同,在成本、质量及差异化等方面取得显著改进,从而显著提升自身的竞争力,获取竞争优势。

5. 精准预测

生活中预测无处不在,比如医生可以根据患者的症状判断其可能的患病类型,农民可以根据气候变化预测收成。对于企业来说,需要精确了解自身现状,更需主动地预测未来。预测是对过往的行为数据进行挖掘,在此基础上根据可靠的计算和演绎,对未来事件发展进行预估。比如商务智能可以帮助银行进行多标准的客户市场细分、预测客户的行为、预测客户业务的趋势、识别欺诈行为等等,从而发现潜在商机,规避风险。商务智能的预测分析需要复杂的算法、统计模型和大量的数据,需要支持大数据量的处理能力,因此应用一些高效的处理方式如并行计算和网格计算以提升商务智能的效率是十分必要的。

6. 自动化决策制定

决策是企业运营管理的重要组成部分,而商务智能系统可以极大地提升决策的效率和精确性。基于对一些行业(如金融业、航空业、制造业等)的业务流程的深入了解,商务智能系统可以针对某个行业特定的重复性管理问题提出解决方案。如机票的动态定价、信用卡额度的审核等等。如"如果某客户年收入大于 10 万元小于 15 万元且无房贷、车贷,则其信用卡授信额度为 5 万元""如果北京飞往上海的某航班 90% 座位已售出,且现在离起飞还有 48 小时,则今天购买经济舱的旅客可以享受 8.5 折的折扣"等。商务智能系统可以在数据挖掘所发现的相关规则基础上,与数学模型相结合,对重复的决策问题实现高度自动化决策,同时可以保证决策的高质量,这一点对企业中从事一线业务的员工尤其有帮助。

1.3　商务智能与决策

决策在现代企业运营管理中占据着至关重要的地位,正确的决策能对企业产生不可估量的正面的影响,如苹果公司的 iPhone 基于乔布斯的正确决策取得了巨大成功,而错误决策往往给企业带来极大的损失。典型例子可以扫码阅读"案例 1-1 诺基亚手机业务的失败"。

案例 1-1　诺基亚手机业务的失败

从案例 1-1 可以看到,在诺基亚手机业务由盛而衰的过程中其管理层做出了一系列错误的决策。对于企业来说,其兴衰成败取决于管理者的决策水平,而大量及时准确的数据和信息是管理者高水平决策的基础。企业需要不断收集和处理数据,对数据进行解释从而转化为有用的信息,将信息验证和规律化之后转化为知识,最后通过分析和知识发现将知识转化为智能,从而支持企业的高效决策,帮助企业改善运营管理、预测未来、规避风险,获取最大收益。

1.3.1　数据、信息与知识

1. 数据

有关数据的定义很多,下面是一种典型的定义:

数据是事实或观察的结果,是对客观事物的逻辑归纳,是用于表示客观事物的未经加工的原始素材或原始事实流。从定义中可看出数据最大的特点是原始的、未经加工的。比如超市收银台的一条销售记录,上面列出了商品的编号、名称、单价、数量等内容,这些都是数据。对于一个大型超市来说,每天可能产生成千上万条这样的记录,数据量非常庞大,而这些数据本身是没有意义的。只有经过解释和处理,数据才有意义,才能成为信息。从超市收银台收集到的原始数据可以被处理和组织成有意义的信息,如一季度某个门店某品牌牙膏的总销量和总销售收入。再如华氏温度 $T(°F)$ 和摄氏温度 $t(℃)$,华氏 77 度对于大多数中国人来说是没有意义的,只有知道了华氏和摄氏温度的转换公式之后,我们可以把华氏 77 度转换为 25 摄氏度,才会知道其真正的意义:这是一个比较舒适的温度。

$$t = (T - 32)/1.8$$

对同一个数据,每个人的解释可能不同。决策者利用经过处理的数据做出决策,可能会取得成功,也可能得到相反的结果,这里的关键在于对数据的解释是否正确,因为不同的解释往往来自不同的背景和目的。

2. 信息

关于信息的定义同样很多,因为信息概念的含义在不断地演变,"信息"一词已经成为一个含义非常深刻、内容相当丰富的概念。

哈特莱认为"信息"是符号。发信者所发出的信息,就是从通信符号表中选择符号的具体方式。不管符号所代表的意义是什么,只要选择的符号数目一定,发信者发出的信息的数量也就确定了。

香农认为,信息是通信的内容,是"用来消除未来的某种不确定性的东西",信息的多少反映了其消除的不确定性的大小。所谓不确定性,是指对客观事物的不了解、不肯定。通信的直接目的就是要消除接收端(信宿)对于发出端(信源)可能会发出哪些消息的不确定性。消除的不确定性越大,代表信息量越大,反之则越小。如果没有消除不确定性,则信息量为0。图1-3说明了随着不确定性的减少信息量在增多。

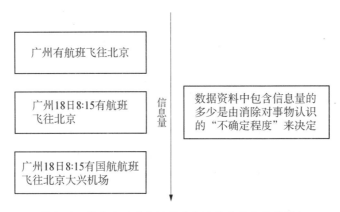

图1-3 信息中不确定性的减少伴随着信息量的增加

维纳(N. Wiener)将人与外部环境交换信息的过程看成是一种广义的通信过程,认为信息是人们在适应客观世界的过程中与客观世界进行交换的内容的名称,是人与外部世界的中介。如果没有信息作为中介,人就会同外部世界隔绝,就不能认识和改造世界。

一般来说,信息泛指包含于消息、情报、指令、数据、图像、信号等形式之中的新的知识和内容。为了更有效地利用信息,使用者需对收集到的信息进一步加工,使之成为更有规律、更有价值的知识。

3. 知识与知识管理

目前对于知识并没有一个统一而明确的定义。柏拉图对于知识有一个经典的定义:一条陈述能被称为知识需满足以下3个条件,它必须是被验证过的,正确的,且是被人们所相信的,这也是科学与非科学的区分标准。知识的价值判断标准一般基于其实用性,以能否让人类创造出新物质,得到力量及权力等作为衡量标准。就其与信息的联系而言,知识是对信息的提炼、比较、分析、概括、总结和推论。换言之,知识是经过验证过的、在一定时间范围内被认为是正确的有价值的信息。

知识可以分为显性知识和隐性知识。显性知识又称明晰知识、外显知识，是指能明确表达的知识，即人们可以通过口头传授、教科书、参考资料、期刊、专利文献、视听媒体、软件和数据库等方式获取，可以通过语言、书籍、文字、数据库等编码方式传播，也容易被人们学习。隐性知识是英国哲学家迈克尔·波兰尼在 1958 年从哲学领域角度提出的概念。他在对人类知识在哪些方面依赖于信仰的考查中，偶然地发现这样一个事实，即这种信仰的因素是知识的隐性部分所固有的。隐性知识是存在于个人头脑中的，它的主要载体是人类的思维，且不能通过正规的形式(例如，学校教育、大众媒体等形式)进行传递，因为隐性知识的拥有者和使用者都很难清晰地将其表达出来。隐性知识一般很难进行明确表述与逻辑说明，它是人类非语言智力活动的成果，这是隐性知识最本质的特性。在知识管理实践中，企业要重视显性知识和隐性知识的相互转化，实现显性知识的内化和隐性知识的外化，使其都能发挥自身的最大作用。

知识作为企业最重要的资源之一，不仅是生产的要素，也是推动企业快速发展的动力，因此知识管理必须贯穿于企业的管理过程中。现代企业的管理方式已从原来的以控制物流和资金流为主转变为以控制信息流和知识流为主。企业经营的主攻目标由"融资"变为"融智"，需要改变以物质为主导的强组织状态，代之以信息和知识的自组织状态。

知识管理(knowledge management，KM)是网络新经济时代的新兴管理思潮与方法，管理学者彼得·德鲁克早在 1965 年曾预言：知识将取代土地、劳动、资本与机器设备，成为最重要的生产因素。

德鲁克认为："21 世纪的组织，最有价值的资产是组织内的知识工作者和他们的生产力。"知识管理尝试在组织中建构一个社会因素与技术因素兼备的知识系统，通过获得、创造、分享、整合、记录、存取、更新等过程，促使知识不断创新，使个人与组织的知识得以不间断的累积和共享，以适应环境的变迁。

数据是企业最宝贵的财富之一，只有采取适当的工具和手段对数据进行加工，并将其转化为信息，在此基础上获取对于企业来说至关重要的知识，利用知识来指导企业运营并辅助企业管理层进行决策，而在运营过程中又能产生新的数据，实际上这是一个不断迭代的过程。本书针对企业提出了一个数据—信息—知识—运营的闭环模型，如图 1-4 所示。这个闭环实际上就是实践—总结—再实践的一个螺旋式上升过程，在这个过程中从数据到信息再到知识的过程是十分关键的，而由知识所指导的企业运营，则是有着巨大提升的实践环节，其必然促进企业效率的提升和关键业务流程的优化。因此，利用商务智能系统实现从数据到知识的转化并据此指导企业的运营管理，是企业优化升级的必然需求。

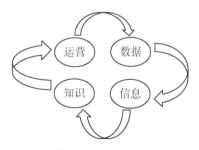

图 1-4　闭环模型

1.3.2　决策的基本知识

1. 决策的概念

彼得·德鲁克认为，在一个组织系统中，管理人员最终做出有效的决策比任何事情都重要。决策是管理活动的核心,贯穿于管理过程的始终。计划、组织、领导、控制等管理职能都离不开决策的支持。

决策就是做出决定的意思,即对需要解决的事情做出决定。狭义的理解是把决策看作从几种备选的行动方案中做出最终抉择,最后由决策者拍板定案。广义的理解是把决策看作一个包括提出问题、确立目标、设计和选择方案的过程。

关于决策最著名的定义当属赫伯特·西蒙的定义:管理就是决策。企业的运营过程实际上就是一个不断地做出大大小小的各类决策的过程,其关键在于决策的高效和精确。

2. 决策的分类

根据不同的标准可以对决策类别进行相应的划分。

按管理层次可以分为 3 类:

(1) 战略决策。战略决策是指有关企业的发展方向和有重大战略的全局性决策,一般由高层管理者做出的决策。如企业"未来三年的产品战略"就是典型的战略决策。

(2) 战术决策。战术决策是指为保证企业总体战略目标得以实现而解决局部问题的重要决策,通常由中层管理者做出的决策,中层管理者一般为企业中各个职能部门的管理者。如企业下个季度某产品的广告预算是常见的战术决策。

(3) 业务决策。是指基层管理人员为解决日常工作和作业任务中的问题所做的决策。如确定某种原材料的库存补充策略。

按决策性质可以分为 3 类:

(1) 结构化决策。结构化决策是指对于常规的、重复性的问题的决策。结构化决策问题一般比较简单、直接,其过程和方法有固定的规律可以遵循,能够用明确的语言和模型加以描述,并可依据一定的通用模型和决策规则实现其决策过程的自动化。

(2) 非结构化决策。非结构化决策通常指非常规的、非重复性的决策。其决策过程和方法一般没有固定的规律可以遵循,也没有固定的解决方案和模型可依,决策者的学识、经验、洞察力乃至性格都会对最终决策产生非常重要的影响。

(3) 半结构化决策。半结构化决策在决策过程中所涉及的数据不确定或不完整,只有部分问题能由确定的程序或模型给出明确的答案。

上述决策的分类虽然由于标准不一,其类型存在较大的区别,实际上这些决策类型也存在着交叉,如战略决策一般为非结构化决策;战术决策一般为半结构化决策;业务决策则一般为结构化决策。

3. 决策的过程

基于赫伯特·西蒙对于决策理论的研究,决策过程可以分为 4 个阶段:情报、设计、选择、实施。

1) 情报

情报阶段的主要工作是定义问题,收集决策所需的相关资料和信息。

2) 设计

设计阶段的主要工作是针对决策问题设计出解决方案,在大多数情况下,解决方案不止一个,应该有两个或两个以上的可选择方案。

3）选择

选择是指通过对各备选方案进行定性和定量分析以进行方案论证，经过对比、择优，由决策者选择出最终方案。

4）实施

实施是将所选择的方案付诸实践，并持续监测方案执行的情况，根据监测结果进一步作继续执行、停止实施或修改后继续实施的决定。需要注意的是，在实际应用中，决策过程是一个不断反复迭代的过程，如所选择方案的实施结果不理想，则可能需要从情报阶段开始重复该决策过程。

4. 信息和知识：正确决策的基础

企业各个层级和部门的管理者每天都在做出各种决策，有些决策是例行的、重复性的，而有些决策是特殊的、一次性的。不管何种决策，都需要有充分、及时的信息和知识作为基础和支持。越往企业高层，决策者需要的信息粒度越粗，反之，越往基层，决策者需要的信息粒度越细。一般来说，高层决策者所做出的决策更为重要，因为这种战略的、非结构决策意味着巨大风险的存在，一旦决策失误导致的结果可能是毁灭性的；但同时也要重视企业中层和基层的决策，因为这些决策会直接影响到企业的安身立命的根本性要素：成本和效率。任何决策都是有风险的，尤其是战略决策。在过去，企业的决策更多地依赖决策者自身的经验、知识、洞察力乃至性格，因此决策的正确性和效率都存在很大的不确定性。而商务智能可以为各级各类高质量决策提供强有力的解决方案和工具支持。

1.3.3　决策支持系统

自 20 世纪 80 年代以来，一些企业开始采用决策支持系统（decision support systems，DSS），在半结构化和非结构化决策活动过程中，通过人-机对话，向决策者提供信息，协助决策者发现和分析问题，探索决策方案，评价、预测和选择方案，以提高决策的有效性。决策支持系统在企业管理实践中得到了快速发展，由早期以数据库、模型库为基础的两库系统发展到包含方法库的三库系统。与此同时其功能也得到了扩展，出现了支持多个决策者共同决策的群体决策支持系统（group decision support systems，GDSS）以及与人工智能（artificial intelligence，AI）相结合的智能决策支持系统（intelligence decision support systems，IDSS），大大提升了决策的效率和效果。

但是传统的决策支持系统也有其局限性。决策支持系统面向联机事务处理，其所能处理的数据量与企业目前所拥有的分散在多个业务系统中的、海量的数据相比，已远远不能满足需求。此外，现代企业所处的环境复杂程度远胜于前，决策的时间要求也愈来愈苛刻，传统的决策支持系统缺乏有效的分析处理工具，已无法对当今企业的复杂决策进行有效支持。

20 世纪末以来，数据仓库技术的发展使分散在各个不同职能部门的业务系统中的数据的整合和存储成为可能，从而可以为企业决策提供更为全面、详细的数据。同时，分析能力更为强大的联机分析处理和数据挖掘工具的广泛利用使得企业能够对数据仓库中的海量数据进行多维分析，找到数据背后隐含的规律，挖掘出其潜在的商业价值。目前的商务智能系统可以对企业决策进行更为高效和有效地支持,可以极大提升企业在复杂环境中的应变和生存能力。

1.4 商务智能的应用

1.4.1 商务智能在银行业的应用

当前,我国银行业正以前所未有的速度加快向现代化商业银行的转变,同业竞争日趋激烈。传统上中国银行业是以存贷款利差为最主要的利润来源,但是随着越来越多的城市商业银行与农村合作银行的发展壮大乃至融资上市,这种低水平的拉存款放贷款的盈利模式业已过时。银行若想生存和发展,必须重视金融创新,不断开发新产品以吸引客户,以维持自身的竞争优势。对于银行来说,其每天都能产生大量的交易数据,从而积累的历史数据越来越多,如何将存放在业务系统或数据库备份中林林总总的数据变成对决策者有用的信息和知识,进而提炼成有独创性指导作用的智慧,这是一项十分艰巨的工程。单凭经验和直觉的决策过程终将被"用数据说话"所取代,能否有效地利用海量数据,必将成为银行未来核心竞争力的重要因素之一。

目前,银行中存在着大量的应用系统,由于其缺乏宏观整合,储户个人级数据库规模急剧膨胀,抽取方式和抽取频度也大幅增加,数据的访问变得更加错综复杂,如果不在体系结构上进行调整,会产生很多问题,如数据分析的结果缺乏可靠性、数据处理的效率低下、难于将数据转化成信息等。从长远来看,国有银行要逐步由原先以数据库为中心的生产环境过渡到以数据仓库为中心的生产环境,这是一个无法阻止的大趋势。

案例1-2 光大银行商务智能系统的实施

国内银行已认识到以上弊端,并积极加以改进。如光大银行的商务智能系统的实施就是一个成功的例子。具体内容可以扫码阅读"案例1-2 光大银行商务智能系统的实施"。

从案例1-2中可以看出,即使在银行业如此成熟的行业,利用商务智能,同样可以发现其潜在的商机和问题,提升其运营水平。利用商务智能对企业收集的海量数据进行分析,从而提升企业的决策水平,进而保证企业的生存和发展已经成为很多行业和企业的选择。

1.4.2 商务智能在零售业的应用

零售业是指以向最终消费者(包括个人和社会集团)提供所需商品及其附带服务为主的行业。零售业是一个国家和地区的主要就业渠道,由于零售业对劳动就业的突出贡献,很多国家甚至把扶持、发展零售业作为解决就业问题的一项重要经济政策。零售业的每一次变革和进步,都带来了人们生活质量的提高,甚至引发了一种新的生活方式。零售业是反映一个国家和地区经济运行状况的晴雨表。国民经济是否协调发展,社会与经济结构是否合理,首先在流通领域,特别是在消费品市场上表现出来。零售业在世界经济中的地位也越来越重要,零售业巨头,如沃尔玛,几度排名世界500强的第一名。随着居民收入的增长,中国零售业近年来也得到了迅猛的发展。

零售企业积累了大量的业务数据,各级管理人员面对繁杂无序的海量数据,迫切需要发掘其中隐藏的规律和发展趋势。包括基层管理人员在内的零售企业管理团队在日常经营业务中必须能够及时地做出正确的决策,这些都引发了零售业对于商务智能应用的迫切需求。

案例 1-3　7-Eleven 的
数据分析

随着商务智能理论与应用实践的双重发展,零售业界对商业智能的理解和认识不断深化,更多的零售企业开始根据自己的业务实际提出商务智能方面的应用需求。如为了提升企业竞争力和盈利水平,越来越多的零售企业开展了以顾客需求为导向的业务流程再造,而如何更好地理解客户需求,从而提升客户的满意度和忠诚度,及时地应对市场变化都越来越依赖商务智能应用的支持。具体应用可以扫码阅读"案例 1-3　7-Eleven 的数据分析"和"案例 1-4　塔吉特:比父亲更早知道女儿怀孕"。

案例 1-4　塔吉特:比
父亲更早知
道女儿怀孕

1.4.3　商务智能在餐饮行业的应用

民以食为天。餐饮行业是服务业的一个重要的组成部分,近年来,国内外餐饮业发展势头迅猛,但都面临着房租、原材料成本居高不下,顾客口味变化快等不利因素。为了在激烈的市场竞争中生存和发展,有必要通过商务智能将餐饮业生产经营产生的数据转化为知识,辅助管理者进行决策。这些数据包括顾客喜好、菜品销量及收入、客单价、翻台率(餐桌周转率)、门店客流量等关键数据。通过商务智能的应用,餐饮从业者可以及时调整菜单和价格,制定适当的营销策略,以更好地适应客户的需求,满足客户的口味变化,吸引更多的顾客,提升销售收入和利润率。具体应用可以扫码阅读"案例 1-5　商务智能征服了餐饮业"。

案例 1-5　商务智能征
服了餐饮业

1.4.4　商务智能在制造业的应用

制造业是国民经济的支柱产业,也是国家创造力、竞争力和综合国力的重要体现。它不仅为现代工业社会提供物质基础,也可以为信息与知识社会提供先进装备和技术平台。当今世界正在发生的深刻变化,对制造业产生了巨大的影响,制造过程和制造工艺也有了新的内涵。传统制造业不断吸收机械、信息、材料等方面的最新成果,并将其综合应用于产品开发与设计、制造、检测、管理及售后服务的制造全过程。当前的制造业呈现出高技术化、信息化、服务增值等特点。

ERP 系统在制造业信息化中占据核心地位,很多关键业务如产品设计标准化、供应链计划优化等,都必须基于 ERP 长期稳定运行所积累的历史经验数据。ERP 和其他业务系统中常年积累的大量数据给商业智能的发展奠定了坚实的基础。

对于企业的生产来说,商务智能软件系统最为突出的优点就是它的即时分析能力。企业可以据此制订业绩进度表和指标系统,一旦发现异常情况,例如某项指标超出了正常

案例1-6 某大型水泥企业的商务智能实践

范围,管理人员可以马上查阅相关数据,找出原因并采取相应措施。有关企业生产经营的指标系统可以把特定的关键指标以直观的方式即时体现出来,而业绩进度表则更具动态性特征,可以根据应用岗位的不同业绩指标进行个别调整。具体应用可以扫码阅读"案例1-6 某大型水泥企业的商务智能实践"。

1.4.5 商务智能在政府部门的应用

目前,我国政府部门正处于由管理型政府向服务型政府转变的关键时期,为了提高效率,更好地服务企业和公众,绝大多数政府部门都建立了政府网站或者相应的电子政务系统。

经过20余年电子政务的积累,我国政府信息化基础设施和数据积累已经具备相当的水平。各部委、各地区在电子政务平台建设、数据采集、信息共享和安全方面的投入和努力已经显现成效。同时,大部分对大规模信息数据处理需求较为迫切的核心部门已经率先具备了对信息资源和数据进行规划、采集和维护能力。这使商务智能应用辅助决策变成可能。

在电子政务中,商务智能的引入可以满足政务信息化的两大需求:

第一,满足实时有效的信息需求。政府部门要充分发挥政府职能进行有效的服务和管理,需要建立一个能有效搜集、监测和分析大量数据的系统,以增强公众与政府沟通的时效性。

商务智能最基础的功能是提供终端用户的查询和报表工具,用以支持用户对原始数据的访问,电子政务系统中的业务信息纷繁复杂,传统的查询和报表工具已经不能满足对业务变化的快速反应。而IT人员和业务人员之间常常难以达成默契。商务智能可以帮助用户及时、灵活地访问原始数据,同时以决策者看待业务活动的角度来展示信息,而不是以数据库的组织方式来展示信息。

第二,满足分析和科学决策的需求。现有的电子政务系统虽然可以高效地实现数据录入、查询和部分统计的功能,但是无法发现数据中存在的关系和规律,不能根据现有的数据预测未来发展的趋势。因此,电子政务需要一个智能化的决策辅助系统。商务智能通过对政务数据库中大量的业务数据进行抽取、转化、分析和其他无形化的处理,从中汲取辅助决策的关键数据,为政府重大法规出台提供决策支持。

案例1-7 我国政府部门商务智能应用实例

商务智能在政府部门的应用可以扫码阅读"案例1-7 我国政府部门商务智能应用实例"。

习 题

1. 数据、信息、知识之间有怎样的联系?
2. 请简述商务智能出现的背景与定义。
3. 请简述商务智能的组成部分。

4．商务智能对于现代企业的作用有哪些？

5．举例说明商务智能如何解决以下问题：公司应该如何制订未来三年的产品策略？公司应该如何针对竞争对手的情况制订现有产品的定价策略？

6．案例 1－6 中某水泥公司主要针对公司的财务系统开发了相关的商务智能应用，如何针对生产、销售等业务职能也开发相应的商务智能应用？

第2章

数据仓库

本章知识点

（1）理解数据仓库的定义。

（2）了解与数据仓库概念密切相关的几个概念：数据集市、企业数据仓库、数据湖、数据中台、操作数据存储。

（3）理解数据仓库中的元数据概念和作用。

（4）理解一个通用数据仓库框架及其各组成部分的作用。

（5）理解数据集成的概念和相关技术。

（6）理解 ETL 概念和流程，了解相关 ETL 工具。

（7）了解数据仓库项目开发方法：Inmon 模型和 Kimball 模型。

随着信息技术的发展，信息系统能够搜集和管理的数据，其来源越来越多，种类越来越多样，数据量越来越大。数据管理技术作为信息技术之一，也得到了迅速发展。数据管理技术主要经历了 3 个阶段：人工管理阶段、文件系统阶段、数据库系统阶段。在数据库系统阶段，数据独立性高，冗余度低。数据库是长期储存在计算机内有组织的、可共享的大量数据集合。随着大数据时代的到来，数据库及其相关技术进一步发展，出现了NoSQL（非关系型数据库）。在数据库的应用上，先后出现了数据仓库、数据集市、数据中台、数据湖等相关概念。

2.1 数据仓库基本概念

2.1.1 数据仓库定义

1988 年，针对全企业集成问题，IBM 爱尔兰公司的两位研究员巴里·德夫林（Barry Devlin）和保罗·墨菲（Paul Murphy）第一次提出了一个新术语——"信息仓库（information warehouse）"，并将其定义为："一个结构化的环境，能支持最终用户管理其全部的业务，并支持信息技术部门保证数据质量"。1991 年，被誉为数据仓库之父的比尔·

恩门出版了《建立数据仓库》(*Building the Data Warehouse*)一书,该书正式提出了数据仓库的概念,并对数据仓库进行了全面介绍。该书提出的定义,时至今日,依然没有被时代淘汰,被业界广泛接受,其内容如下:

数据仓库是一个面向主题的(subject oriented)、集成的(integrated)、相对稳定的(non-volatile)、反映历史变化(time variant)的数据集合,用于支持管理决策(decision making support)。

数据仓库的定义可以从两个层面进行理解。首先,数据仓库是用于支持管理决策,面向的是分析型数据处理,与企业现有的操作型数据库是不同的。其次,数据仓库是对多个异构数据源的有效集成,集成后根据主题进行重组,而且包含了历史数据,存放在数据仓库中的数据一般不再修改。因此,数据仓库是在数据库已经积累了大量业务数据的情况下,综合多种来源的数据,更深入地进行数据分析,旨在更好地支持管理决策。

数据仓库的主要特点如下。

(1)面向主题的。数据仓库中的数据是以某个具体的主题进行组织的,如客户、销售、财务报账、财务预算等。每个主题仅包括支持管理决策的相关数据。操作型数据库与数据仓库不同,操作型数据库一般是面向业务处理的,需要经常更新数据库,如销售管理数据库,需要根据产品销售情况实时更新相关数据。

(2)集成的。集成与面向主题的特点联系在一起的。数据仓库中面向主题的数据需要将多个来源的数据,以一致的形式存储,并解决数据集成导致的命名冲突、数据格式差异等问题。例如,销售主题的数据,可以从销售管理数据库、客户管理数据库、员工管理数据库、互联网上的同行业数据等多个来源抽取数据进行集成。

(3)反映历史变化。数据仓库是存储历史数据的,数据会随时间变化而不断地增长和变化。因此,数据仓库具有时间属性,时间是支持所有数据仓库的一个重要维度。在数据仓库中,数据通常包含时间点,如日、周、月、季度等。

(4)相对稳定的。数据一旦被装入数据仓库后,用户就不能(或不需)对其进行修改或更新。过时的数据可被丢弃,更新的数据作为新数据记录增加到数据仓库。

(5)其他特点。数据仓库通常被设计为基于网络的,从而拥有高效计算环境。数据模型一般是基于关系结构或多维结构。数据仓库通过元数据来描述数据的组织方式以及如何有效地使用数据。新型数据仓库可以提供实时或动态数据访问和分析能力。

综上所述,数据仓库虽然是存储数据,但它不是一种"大型数据库",数据仓库的出现不是为了取代数据库。数据仓库和数据库的应用场景不同,数据仓库是以数据分析处理为主,而数据库则以支撑业务操作为主。

2.1.2 数据集市

数据集市是数据仓库的一个子集,它只包含单个主题,且关注的范围也并非全局。数据集市可以分为两种:一种是独立数据集市,这类数据集市有自己的源数据库和 ETL 架构;另一种是非独立数据集市,这类数据集市是由数据仓库直接生成的一个子集,具备稳定的数据模型,并提供高质量的数据。当用户或者应用程序不需要/不必要/不允许用到整个数据仓库的数据时,非独立数据集市就可以简单为用户提供一个数据仓库的子集。

数据集市是一个结构概念,主要面向部门级业务,并且只面向某个特定的主题。其应用场景:数据集市是数据仓库之上更聚焦的业务主题合集,更偏向于应对业务数据快速高效应用的需求,一般用于商业智能系统中探索式和交互式数据分析应用。

数据仓库之父比尔·恩门(Bill Inmon)说过一句话:"IT 经理们面对最重要的问题就是到底先建立数据仓库还是先建立数据集市",足以说明分析清楚这两者之间的关系是十分重要而迫切的。通常在考虑建立数据仓库之前,会涉及一些问题:① 采取自上而下还是自下而上的设计方法? ② 企业范围还是部门范围? ③ 先建立数据仓库还是数据集市? ④ 建立领航系统还是直接实施? ⑤ 数据集市是否相互独立?

案例 2-1 数据集市:数据仓库的替代品

数据仓库是站在企业全局的高度来构建的,也是全局共享的,为企业各个部门、各个分支机构的数据分析与数据挖掘提供源数据。所以,数据仓库需要对全局数据进行处理,非常耗时间,而且数据仓库的负载压力很大。而数据集市与数据仓库相比较,规模小,面向更具体的业务,其中数据的专业性更强。数据仓库和数据集市各有优势,可以扫码阅读"案例 2-1 数据集市:数据仓库的替代品",从案例 2-1 中可以较直观地认识两者之间的关系及优缺点。

2.1.3 企业数据仓库

企业数据仓库(enterprise data warehouse,EDW)是支持整个企业决策的大型数据仓库。EDW 可将企业内部和外部的数据通过 ETL(extraction, transformation, loading,数据抽取、转换、加载)集成为一个统一的标准形式,支撑商务智能和决策支持的有效运作。其逻辑架构如图 2-1 所示,EDW 为多种决策支持系统提供数据,包括客户关系管理(CRM)、供应链管理(SCM)、企业绩效管理(BPM)、业务活动监控(business activity monitoring,BAM)、产品生命周期管理(product life cycle management,PLM)等。

2.1.4 数据湖

数据湖(data lake)一词是由 Pentaho 公司(一家开源 BI 软件公司)的创始人兼首席技术官詹姆斯·狄克逊(James Dixon)在 2010 年首次提出。他认为数据集市是一瓶清洗过的、包装过的、结构化且易于使用的水。而数据湖更像是在自然状态下的水,数据流从源系统流向这个湖,在流入时不需要进行数据预处理工作。

维基百科给出如下定义:数据湖是一种将数据以原始格式存储在同一个系统或存储库的方法,以便于收集多个数据源的数据及多种数据结构的数据(通常是 blob 对象或文件)。数据湖的理念是将企业中的所有数据保存于同一个存储介质中,所有数据包括从原始数据(意味着源系统数据的精确副本)到用于各种任务(包括报告、可视化、分析和机器学习)的数据。数据湖创建了一个适用于所有形式数据的集中式数据存储,可以存储包括关系数据库(行和列)的结构化数据、半结构化数据(CSV,日志,XML,JSON)、非结构化数据(电子邮件,文档,PDF),甚至二进制数据(图像,音频,视频)。

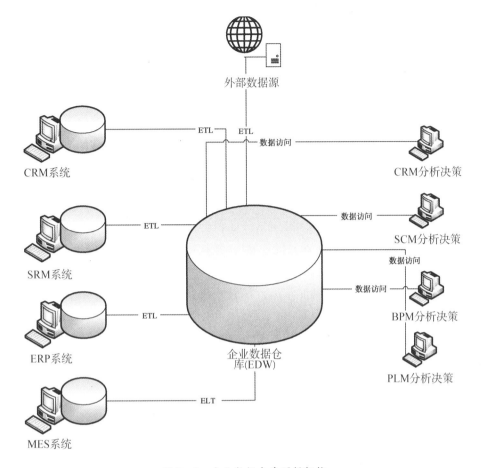

图 2-1　企业数据仓库逻辑架构

　　数据湖的工作过程如图 2-2 所示。流入数据湖的水包括结构化数据和非结构化数据,流出数据湖的水表示经过分析处理后的数据。基于数据湖流出的水,管理者可以进行精确的商业决策。

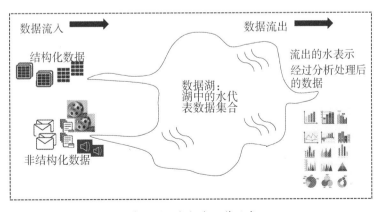

图 2-2　数据湖工作示意

数据湖具有以下特点：

（1）所有数据集中存储在一个系统或存储库。

（2）从源系统导入所有的数据，保留数据的原始格式，没有数据流失。

（3）支持所有数据形式，包括结构化、半结构化、非结构化、二进制。

（4）支持所有的、针对数据的分析，包括报表统计分析、推荐模型、预测分析、机器学习、人工智能等。

数据湖与数据仓库的差异性主要体现在以下几个方面：

（1）在存储方面，数据湖中的数据是非结构化的，所有数据以原始形式被存储，仅在分析时才对数据进行转换。而数据仓库中的数据通常是在从事务系统中提取的，可以经过处理之后再进行存储。

（2）在数据抓取方面，数据湖捕获半结构化和非结构化的数据。而数据仓库则是捕获结构化数据并将其按模式组织。在数据仓库中，数据被加载到数据仓库之前，需要被清理和转换。

（3）在数据分析方面，数据湖非常适合深入分析非结构化数据，适合使用具有预测建模和统计分析等功能的高级分析工具。而数据仓库非常适用于月度报告等常规统计分析，因为它具有高度结构化的特点。

（4）在架构方面，数据湖通常在存储数据之后定义架构，初始的工作较少，可以提供更大的灵活性。而数据仓库是在存储数据之前定义架构的。

2.1.5　数据中台

数据中台概念是由阿里公司首次提出的。阿里公司拥有众多的业务系统，如淘宝、天猫、阿里妈妈、阿里巴巴等，每套业务系统都有自己的架构和数据源，但这些系统之间是不贯通的。如果需要对某个信息进行深度挖掘，但在一个系统中无法查询，需要到另一个系统中去查，数据在各系统之间无法共享，导致效率低下。另外，各系统之间还可能会有功能冲突、数据冲突、服务冲突和应用冲突。

为了解决上述问题，阿里公司着手开始整合数据，打造数据中台。从一开始仅仅做数据监测和统计，到后来做数据化运营和分析，再到搜索个性化、定制化营销，再到智能化，渐渐让各个系统融合在一起，建立统一架构。当需要再扩展业务时，这些业务也要融入这个数据中台，用相同的技术和模式进行运营。

因此，数据中台是指通过企业内外部多源异构的数据采集、治理、建模、分析、应用，使数据对内优化管理提升业务能力，对外可以数据合作释放价值，成为企业数据资产管理中枢。数据中台建立后，会形成数据 API，为企业和客户提供高效各种数据服务。数据中台是一个逻辑概念，为业务提供服务的主要方式是数据 API，包含数据仓库、大数据、数据治理等领域的内容。数据中台既不是一套软件，也不是一个信息系统，而是一系列数据组件的集合。企业基于自身的信息化建设基础、数据基础以及业务特点对数据中台的能力进行定义，基于能力定义利用数据组件搭建自己的数据中台。

从数据中台应用的角度，数据咨询公司 Thoughtworks（思特沃克）首席咨询师王健给出了 10 个字定义，中台就是："企业级的能力复用平台"。其中，"企业级"划定了中台的范围,区分开了单系统的服务化与微服务。"能力"指定了中台的主要承载对象,能力抽象解释了各种各样中台的存在。"复用"定义了中台的核心价值,过去的平台化对于易复用性并没有给予足够关注。中台的兴起,使得人们的目光更多地从平台内部,转换到平台对于前台业务的支撑上。"平台"说明了中台的主要形式,区别于应用系统拼凑的方式,通过对于更细粒度能力的识别与平台化沉淀,实现企业能力的柔性复用,对于前台业务更好的支撑。

数据中台与数据仓库的主要区别有如下几点。第一,数据中台是企业级的逻辑概念,体现企业 D2V(data to value)的能力,为业务提供服务的主要方式是数据 API。第二,数据仓库是一个相对具体的功能概念,是存储和管理一个或多个主题数据的集合,为业务提供服务的方式主要是分析报表。第三,数据中台距离业务更近,为业务提供速度更快的服务。第四,数据仓库是为了支持管理决策分析,而数据中台则是将数据服务化之后提供给业务系统,不仅限于分析型场景,也适用于交易型场景。

案例 2-2　央视网的融媒体数据中台实践

数据中台的实际应用扫码阅读"案例 2-2　央视网的融媒体数据中台实践"。

2.1.6　操作数据存储

操作数据存储(operational data store,ODS)是所有原始数据临时存储区域。数据仓库存储的数据是相对稳定的,ODS 中的数据在整个业务运营过程中不断更新。通常 ODS 用于与核心应用相关的实时决策,而不关心企业的中期或长期决策。ODS 能将多个业务系统的数据集成起来,提供当前近实时的、集成的视图,为短期实时决策分析服务。

数据仓库之父比尔·恩门对 ODS 的定义是,ODS 是面向主题的、集成的、可变的、反映当前数据值的和详细的数据的集合,用来满足企业综合的、集成的以及操作型的处理需求。他的这个定义与他对数据仓库的定义相似。其中前两个特性和数据仓库是一样的,即都是面向主题的和集成的,而后三个特性和数据仓库相差较大。

ODS 中的数据是可以变化的。数据仓库中的数据是不进行更新的,对于错误的处理通常是采用新的快照来进行保存。而 ODS 是可以按常规方法进行更新的。

ODS 反映当前数据值。通常 ODS 保留数据的时限最长到三个月。而数据仓库可以保留五年、十年或更长的数据。

ODS 中保留详细数据。ODS 只保留原始数据,而不保留汇总数据。而在数据仓库中原始数据和汇总数据都会进行保留。这是因为 ODS 是可更新的。在 ODS 中,操作型业务系统的数据变化通常要更新到 ODS 中,并且数据的迁移时间间隔会很短,使得汇总数据在 ODS 中的意义不大。

2.2　元数据

元数据(metadata)是关于数据的数据。它描述数据的结构和部分意义,有助于数据的有效使用。在数据仓库中,元数据是描述数据仓库内数据的结构和建立方法的数据。按用途分,元数据可分为技术元数据和业务元数据。其中,技术元数据描述与数据仓库开发、管理和维护相关的数据,包括数据源信息、数据转换描述、数据仓库模型、数据清洗与更新规则等,为开发和管理数据仓库的技术人员服务。而业务元数据描述业务术语、数据仓库有什么数据、数据位置、数据可用性等,为企业管理层和业务分析人员服务,使得不懂计算机技术的业务人员也能"读懂"数据仓库中的数据。换一个角度,按模式(观察元数据的一种视角)分,元数据可以分为语法元数据(描述数据语法的数据)、结构元数据(描述数据结构的数据)、语义元数据(描述特定领域数据含义的数据)。

数据分析员为了能有效地使用数据仓库环境,往往需要元数据的帮助。数据分析员在进行信息分析处理时,首先要去查看元数据。元数据还涉及数据从操作型环境到数据仓库环境中的映射。当数据从操作型环境进入数据仓库环境时,数据会经历一系列转变,包含数据的转化、过滤、汇总和结构改变等过程。数据仓库的元数据需要能跟踪这些转变,当数据分析员针对数据的变化从数据仓库环境追溯到操作型环境时,可利用元数据来查看这种转变。而且,数据仓库中的数据会存在很长一段时间,在此期间,数据的结构往往会发生变化。随着时间的流逝来跟踪数据的结构变化,也是元数据的一个常见功能。

元数据描述了数据的结构、内容、链和索引等项内容。在传统的数据库中,元数据是对数据库中各个对象的描述,数据库中的数据字典就是一种元数据。在关系数据库中,这种描述就是对数据库、表、列、观点和其他对象的定义;但在数据仓库中,元数据定义了数据仓库中的许多对象——表、列、查询、商业规则及数据仓库内部的数据转移。元数据是数据仓库的重要组件,是数据仓库的指示图。元数据在数据源抽取、数据仓库开发、商务分析、数据仓库服务和数据求精与重构工程等过程都有重要的作用。

在数据仓库中,元数据机制主要用于协助系统完成五类管理功能。一是描述数据仓库包含哪些数据。二是定义要进入数据仓库中的数据和从数据仓库中产生的数据。三是描述根据业务事件发生而随之进行的数据抽取工作时间安排。四是描述并检测数据一致性要求和执行情况。五是评估数据质量。

2.3 数据仓库框架

数据仓库框架如图 2-3 所示,数据仓库主要涉及的概念有数据源、ETL 过程(数据提取和转换、数据加载)、元数据、数据仓库与数据集市、应用程序接口 API、前端应用等。数据源包括内部数据源和外部数据源。内部数据源往往指企业内部多个业务部门的操作型数据库,如 ERP、CRM、SCM 等业务系统。此外,还可以是企业内部的非结构化数据,如企业内部各部门的相关文档、图片等。外部数据源通常是指互联网上公开发布的数据或向外部数据提供商购买的数据,如政府部门提供的统计数据或 Web 网页上的数据或一些第三方数据公司提供的一些需要付费的数据。ETL 过程包括数据提取、转换、加载三个步骤。其中数据提取和转换,可以使用自定义的或商业 ETL 软件提取并转换数据。数据加载有两个阶段,第一个阶段是将数据加载到数据准备区,经过数据转换和清洗之后,就进入第二个阶段,把数据加载到数据仓库或数据集市。元数据是数据仓库"神经中枢",需要定期进行维护,供技术人员使用和用户评估。数据仓库或数据集市存储 ETL 过程清洗与转换好的数据。应用程序接口 API 或中间件,提供了访问数据仓库或数据集市的接口,前端软件基于应用程序接口访问数据仓库或数据集市中的数据,为业务分析人员提供服务。前端应用主要包括即席查询、报表分析、OLAP、数据挖掘等。

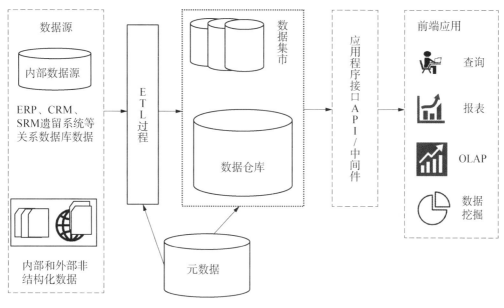

图 2-3　数据仓库框架概览

2.4　数据集成和 ETL（提取、转换、加载）

2.4.1　数据集成

数据集成是把不同来源、不同结构、不同性质的数据在逻辑上或物理上有机地集中,为企业提供全面的数据共享。数据集成包括 3 个重要阶段:数据访问(从数据源中访问和提取数据的能力)、数据合并(不同数据之间的业务集成)、变化捕获(基于企业数据源变化的识别、捕获和传送)。提供数据和元数据集成的主要技术有:企业应用集成(enterprise application integration,EAI)、面向服务的架构(service-oriented architecture,SOA)、企业信息集成(enterprise information integration,EII)、数据提取、转换和加载(ETL)。

下面简单介绍一下 EAI 和 EII。

企业应用集成(EAI):EAI 是一种将基于不同平台、采用不同技术方案构建的异构应用集成的一种方法和技术。EAI 关注不同系统之间功能的共享,而不是数据的共享,保证了灵活性和重用性。当前,EAI 使用粗粒度 SOA 架构,通过 Web 服务进行集成。既可以对企业内部的不同应用集成(如 ERP 和财务系统集成),也可以跨企业进行应用集成(如 B2B 电子商务)。

企业信息集成(EII):EII 是指在不同应用系统之间实现数据共享。EII 允许关系数据数据库、Web 服务以及多维数据库等多个数据源之间的实时数据集成。EII 工具使用预定义的元数据,以视图方式将集成后的数据用关系数据形式展现给前端用户。

2.4.2 数据提取、转换、加载

数据提取、转换、加载(extract-transform-load,ETL)是数据仓库的核心技术流程。ETL流程也是任何以数据为中心的项目的集成组件。通常,ETL在整个以数据为中心的项目中占用的时间较多,占用比例达到60%~80%。

ETL流程包括提取、转换、加载。其中,提取(extract)是指从一个或多个数据库、或其他数据源中读取数据;转换(transform)是将提取后的数据由一种数据类型转换为另一种数据类型,使得数据能够存储在数据仓库或其他简单的数据库中;加载(load)是指将数据加载到数据库中。这三种功能可被集成到一个ETL工具中。ETL工具可以将数据从多个数据源中提取出来,并加载到数据仓库或另一个数据库或数据集市中。

ETL流程如图2-4所示,ETL工具将不同来源的数据,经过提取、转换、清洗之后,加载到数据仓库或数据集市中。ETL工具可完成在不同的源和目标之间的数据传送,并记录在源和目标之间移动时的数据元素变化,根据需要与其他的应用交换元数据,管理所有运行的流程和操作(如调度计划、错误管理、检查日志、统计数据等)。ETL的目的是向数据仓库中加载集成和清洗后的数据。ETL流程中使用的数据源,包括企业内部的各种业务系统、遗留系统、各种文档(如Excel电子表格、PDF文档、CSV文本文件等)、企业外部(Web网页、第三方数据集或数据库)。各种来源的数据,经过ETL工具处理之后,既可以

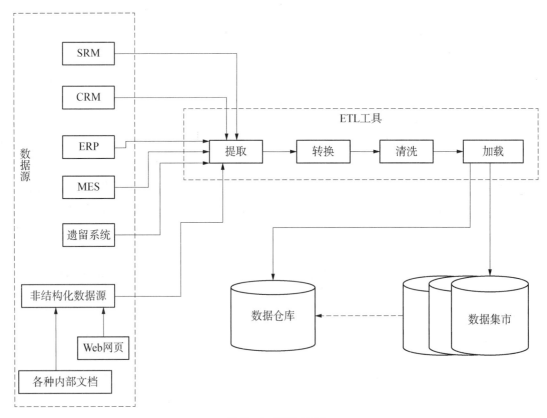

图2-4 ETL流程

加载到数据仓库,也可以根据需要加载到数据集市。

ETL 工具可以使用编程语言自行编写,这通常具有较高的难度。当前,也有一些常见的 ETL 工具,如 IBM infoSphere Information Server、Microsoft SQL Server 集成服务、Data Pipeline、Kettle、Infomatica、DataX 等。

1) IBM InfoSphere Information Server

IBM InfoSphere Information Server 是 IBM 公司推出的一款先进数据集成平台,其服务产品可帮助用户理解、清理、监控、转换和交付数据。InfoSphere Information Server 提供大规模并行处理(MPP)功能,可以实现高度可扩展且灵活的集成平台,用于处理大量各种不同规模的数据。该工具被公认为 2020 年 Gartner 数据集成工具魔象限的领先者。

2) Microsoft SQL Server 集成服务

Microsoft SQL Server 集成服务(SQL Server Integration Services ,简称为 SSIS)是微软公司推出的一个数据集成平台,负责完成有关数据的提取,转换和加载等操作。该集成服务可以高效处理各种各样的数据源,如:SQL Server、Oracle、Excel、XML 文档、文本文件等。SSIS 可由两个部分组成,即 Data Transformation Pipeline(DTP,数据转换管道)和 Data Transformation Runtime(DTR,数据转换运行时)。其中 DTP 是 SSIS 的核心,具有一个面向缓冲器的架构,完成数据流的工作,DTR 负责控制流。

3) Data Pipeline(数据工作流)

Data Pipeline 是一家为企业用户提供数据基础架构服务的科技公司。Data Pipeline 数据质量平台整合了数据质量分析、质量校验、质量监控等多方面特性,旨在保证数据质量的完整性、一致性、准确性及唯一性,解决数据孤岛和数据定义进化等问题。

4) Kettle(水壶)

Kettle 是一款开源 ETL 工具,以 Java 语言编写,可以跨平台(Windows、Linux、Unix)运行,数据抽取高效稳定。该项目取名为 Kettle(水壶),其主程序员 Matt Casters 希望把各种数据放到一个壶里,然后以一种指定的数据格式流出。

Kettle 家族目前包括 4 个产品:Spoon、Pan、Chef、Kitchen。Spoon 提供了图形用户界面来支持 ETL 转换过程的设计。Pan 可以批量运行由 Spoon 设计的 ETL 转换。Pan 是一个后台执行的程序,没有图形用户界面。Chef 可用于创建任务(Job)。任务可通过允许每个转换、任务、脚本等,更有利于自动化更新数据仓库的复杂工作。任务也会被检查,以验证其是否被正确执行。Kitchen 可用于批量使用由 Chef 设计的任务。Kitchen 也是一个后台运行的程序。

5) Informatica

Informatica 是全球领先的数据管理软件提供商。Informatica Enterprise Data Integration 包括 Informatica PowerCenter 和 Informatica PowerExchange 两大产品,凭借其高性能、高可扩展平台,可以解决几乎所有数据集成项目和企业集成方案。

Informatica PowerCenter 用于访问和集成几乎任何业务系统、任何格式的数据。它可以按任意速度在企业内交付数据,具有高性能、高可扩展性、高可用性的特点。Informatica PowerCenter 包括 4 个不同版本:标准版、实时版、高级版、云计算版。同时,它还提供了多个可选的组件,以扩展 Informatica PowerCenter 的核心数据集成功能,这些组件包括:数据清洗和匹配、数据屏蔽、数据验证、Teradata 双负载、企业网格、元数据交换、下推优化(pushdown optimization)、团队开发和非结构化数据等。

Informatica PowerExchange 是一系列的数据访问产品。它确保 IT 机构能够随时随地根据需要访问,并在整个企业内传递关键数据。Informatica PowerExchange 支持多种不同的数据源和各类应用,包括企业应用程序、数据库和数据仓库、大型机、中型系统、消息传递系统和技术标准等。

6)DataX

DataX 是离线数据同步工具/平台,实现包括 MySQL、Oracle、SQLServer、Postgre、HDFS、Hive、ADS、HBase、TableStore(OTS)、MaxCompute(ODPS)、DRDS 等各种异构数据源之间高效的数据同步功能。开源地址:https://github.com /alibaba/DataX。

2.5 数据仓库项目的开发方法

数据仓库项目在开发时,一般有两种方法。第一种方法是自顶向下的开发方法,由数据仓库之父 Bill Inmon 提出,亦称为 Inmon 模型。该方法也是 EDW 开发方法,使传统关系数据库能够适应整个企业范围内数据仓库开发的需要。第二种方法是运用维度建模自底向上的开发方法,由 Ralph Kimball 提出,亦称为 Kimball 模型。该方法也是数据集市的开发方法。

EDW 开发方法(Inmon 模型):该方法强调自顶向下开发数据仓库,并使用实体关系图(Entity-Relation Diagram,ERD)和螺旋式开发等数据库开发方法和工具。该方法并不排斥建立数据集市,它提供了一致和全面的企业视角。

数据集市方法(Kimball 模型):该方法是一种"大计划、小实施"的方法。数据集市是一类面向主题或面向部门的数据仓库,是数据仓库的缩小版,主要关注某个具体部门的分析需求,如财务部门、市场部门、销售部门等。Kimball 提出的自底向上开发方法,支持在数据仓库建立的同时,完成数据集市的设计。

表 2-1 对两种方法从各种角度进行详细比较。

表 2-1　EDW 方法和数据集市方法的对比

对比项	EDW 方法	数据集市方法
范围	多个主题域	单个主题域
业务焦点	跨部门优化,支持企业决策	业务领域活动的最优化
用户类型	企业分析师和高级管理人员	业务层分析师和管理人员
开发周期	数年	数月
开发难度	高	低到中等
开发成本	100 万美元以上	(1 万～10 万)美元
分享的数据	企业知识	业务领域知识
数据源	多个运营系统和外部系统	少数运营系统和外部系统
大小	GB～PB	MB～GB

对比项	EDW方法	数据集市方法
时间范围	历史数据	近实时和历史数据
数据转换	高	低到中等
更新频率	每周、每月	每小时、每天、每周
硬件	企业服务器和大型计算机	工作站和部门服务器
操作系统	UNIX、Z/OS、OS/390	Windows、Linux
数据库	企业数据库服务器	工作数据或标准数据库服务器
并发数	100~1 000	10

　　Kimball模型（数据集市方法）和Inmon模型（EDW方法）各有其适用场景和目标。对于一个组织来说，随着业务需求、用户需求、数据管理成熟度等方面的变化，组织实施数据仓库项目的策略会从建立简单的数据集市开始，逐步发展到建立复杂的数据仓库。因此，一个组织的数据仓库策略，一般先采用Kimball模型建立数据集市，再采用Inmon模型建立数据仓库，这两个模型的区别如表2-2所示。基于Kimball模型构建数据集市，可以向一些部门的业务用户提供及时和良好的数据访问，验证数据仓库的商业价值。基于Inmon模型构建EDW，将数据集市和数据仓库联合起来，构建一个完善的数据仓库。

表2-2　Kimball模型和Inmon模型的特征对比

	特征	Kimball	Inmon
方法与架构	整体方法	自底向上	自顶向下
	架构的结构	对单独的业务流程建模，通过数据总线和统一的维度模型实现企业数据的一致性	企业数据仓库支持部门数据库
	方法复杂度	简单	复杂
	与现有开发方法比较	4步流程；关系数据仓库管理的一个分支	源于螺旋开发方法
	物理设计考虑	不完全	较完全
数据建模	数据定位	面向业务流程	面向主题或数据驱动
	工具	多维建模，关系建模的分支	传统的实体关系图（ERD）、数据流图（DFD）
	终端用户的可访问性	高	低
理念	主要用户	终端用户	IT（信息技术）专家
	组织中的定位	操作数据的转换者和保留者	企业信息工厂的集成部分
	目标	实现一种解决方案，便于终端用户直接查询数据，在合理的时间内响应	基于已被验证的数据库方法和技术，实现一种可行的技术解决方案

习　题

1. 名词解释：数据仓库、数据集市、数据湖、数据中台。
2. 简述数据仓库的特点。
3. 简述数据仓库和数据集市的区别。
4. 简述数据仓库和数据湖的区别。
5. 简述数据仓库和数据中台的区别。
6. 简述数据仓库和操作数据存储的区别。
7. 简述数据集成的概念与相关技术。
8. 简述元数据的概念及其作用。
9. 简述 ETL 流程的三个阶段。
10. 简述数据仓库两种开发方法的主要区别。

第3章

联机分析处理

本章知识点

（1）理解联机分析处理的概念，以及维的相关概念。

（2）理解联机分析处理与联机事物处理的联系与区别。

（3）理解多维数据模型的概念及其组成。

（4）理解维度建模的两种建模方式。

（5）理解和掌握联机分析处理操作。

（6）了解联机分析处理的常用分类。

随着云计算、大数据技术的快速发展，数据库技术也随之快速发展，数据库积累的数据越来越多，数据库的存储容量也不断扩大，从早期的兆字节（Mega Byte，MB）、吉字节（Giga Byte，GB）级别扩展到当前的太字节（Tera Byte，TB）、拍字节（Peta Byte，PB）级别。为了从数据中提炼价值，用户查询的需求变得越来越高，查询或操作的结果往往涉及多张关系表，并且需要对多张表格的信息进行综合分析才能得到所需的查询结果。当这种高要求的查询变得越来越频繁时，关系数据库管理系统不能高效率支持这种查询。为了弥补关系数据库管理系统的不足，很多数据库厂商开发了相应的前端产品，通过将分散的公共应用逻辑进行统一，解决在短时间内响应非数据处理专业人员复杂查询要求的问题。但是，这种方式还是不能很好适应大数据量的即席分析和复杂查询。于是，英国计算机科学家埃德加·弗兰克·科德（Edgar F. Codd）博士在 1993 年提出了一种用于组织大型商务数据库和支持商务智能的技术——联机分析处理，并总结了联机分析处理产品的12 个原则。

3.1 联机分析处理概述

数据仓库中存储了大量的数据，联机分析处理（Online Analytical Processing，OLAP）是数据仓库领域中应用最广泛的数据分析技术之一。而且，由于数据容量不断增长，数据分析的商业价值逐渐得到验证与认可，OLAP 已经日益普及。

目前,OLAP 的定义有多种。根据 OLAP 委员会的定义(OLAP Council),OLAP 能让管理人员从多种角度对从原始数据中转化出来的、能够真正为用户所理解的并真实反映业务维特性的信息进行快速、一致和交互的存取,从而获得对数据更加深入的理解。该定义强调了分析可以快速地从一个维转变到另外一个维,或者在维之间进行比较,使用户可以在短时间内从不同角度查看业务的经营状况,形象直观地为管理人员提供决策支持。因此,OLAP 展现在用户面前的是一幅幅多维视图,下面介绍维的相关概念。

维(dimension)是指用户观察数据的特定角度。例如,为了分析我国数字经济状况,其中一个指标是数字经济产业指数,为了对比各省的情况,其中一个维度就是各个省份(地区维)。还可以分析一个省的数字经济产业指数随年份变化的情况,其中的年份维度就是一个时间维。

维的层次(dimension level)是指用户观察数据的某个特定角度(即某个特定维)还可以存在细节程度不同的多个描述方面。例如,一个省的数字经济产业指数的时间维,除了年份层次,还可以按季度、月的层次来描述。在地区维,可以有国家、地理大区、省市、市县等层次。

维成员(dimension member)是指维的一个取值,也称为维值。例如,2019 年数字经济产业指数广东得分是 95.4,这里"2019 年"是时间维的一个取值,"广东"是地区维的一个取值,它们都是维成员。

度量(measure)是数据的实际意义,描述数据"是什么"。例如,2019 年数字经济产业指数广东得分是 95.4,数字经济产业指数得分就是一个度量,"95.4"这个值是对广东在 2019 年在这个指标上的度量。

3.2 联机事务处理概述

OLAP 是数据仓库领域的数据分析技术,它可以快速灵活地对数据仓库中的数据进行复杂分析和多维分析处理,支持各级管理人员基于数据做出正确的管理决策,提高企业的竞争力。而联机事务处理(Online Transaction Processing, OLTP)是描述事务处理系统的技术用语,事务处理系统主要进行基本的、日常的事务处理,获取和存储与日常业务相关的数据,例如 ERP、CRM、SCM 等。OLTP 主要由操作人员和底层管理人员通过计算机网络对关系数据库中的数据进行增加、删除、查询、修改等操作,数据变化频率高,可以产生实时报表和常规分析。OLTP 与 OLAP 也是紧密联系的:OLTP 产生的数据是 OLAP 的重要且主要来源,OLAP 提供的管理决策反过来也能影响 OLTP 自动化的业务流程。表 3-1 描述了 OLAP 和 OLTP 的主要区别。

表 3-1　OLAP 与 OLTP 的比较

比较点	OLAP	OLTP
用途	智能决策支持,为业务和管理查询提供信息	执行日常业务运营,支撑企业运营
用户	决策人员,高级管理人员	操作人员,低层管理人员
用户数	用户数少,上百个	用户数多,成千上万
数据源	数据仓库或数据集市	事务数据库(关系型数据库)

续表

比较点	OLAP	OLTP
数据	历史的、聚集的、多维的、多维的、统一的	原始的、当前的、细节的、二维的、分立的
报表	即席的、多维的、关注面较宽的	常规的、定期的、关注面较窄的
资源需求	多处理器、大存储量的专用数据库	普通关系数据库
存取记录数	读写数十条记录	读取成千上万条记录
处理速度	高并发、快速	缓慢

3.3 多维数据模型

数据仓库中的数据是基于维度建模的。维度数据模型是一个基于检索的系统,支持大量的复杂查询访问。维度数据模型(Dimensional Data Model)又称为多维数据模型(Multidimensional Data Model)是面向分析的数据模型,能够提供多种观察的数据视图,支持面向分析的操作。

多维数据模型的数据结构可以用一个多维数组来表示:(维 1,维 2,…,维 n,度量值)。比如,京东、淘宝、苏宁易购等购物平台为了统计每年每个季度各种家用电器在各个地区的销售情况,设计了一个多维数据模型,如图 3-1 所示。图 3-1 所示的多维数据模型(时间维,地域维,家用电器维,销售额)是一个三维数组,包含三个维度:时间维、地域维、家用电器维,以及一个度量:销售额(万元)。三维数组可以用一个立方体来直观地表示,如图 3-2 所示,该立方体的时间维指定了 2020 年 4 个季度,地域维指定了该公司把销售地区分为四个部分,如华东销售地区、华南销售地区、华中销售地区、华北销售地区等,家用电器类别维,指定具体的家用电器名称,如电冰箱、洗衣机、电视机、空调等。通常,多维数组用多维立方体 Cube 表示,多维立方体 Cube 也被称为超立方体。

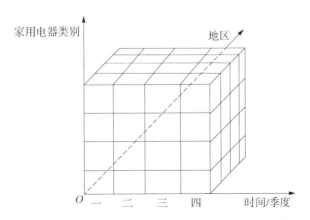

图 3-1 按时间、地区、家用电器类别三个维度组织的销售数据

多维数据模型可由事实表(Fact Table)和维度表(Dimension Table)两种类型的表组成。事实表包含了大量与观测事实和外部链接(如外键)相对应的数据。事实表包含用于

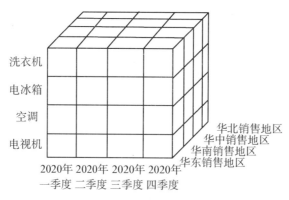

图 3-2　立方体示例

进行决策分析和查询报表的描述属性,外键用于链接维度表。决策分析属性用于评估企业组织的业绩,包括性能测量指标、操作指标、聚集度量值(例如销售数据、毛利润、净利润、成本等)和其他所有的指标。维度表通过外键链接围绕在事实表的周围。维度表包含了事实表行数据的分类和聚合信息、用以描述事实表数据的属性,并对数据进行分析和总结。维度表与事实表的行具有一对多的关系。

对于三维以上的超立方体,很难用可视化方式直观表示出来。为此,"星形模式(Star Schema)"和"雪花模式(Snow Flake Schema)"被提出,用于形象描述多维数据模型。

星形模式是最普遍和最简单的维度建模。一个星形模式包含一个中心事实表和多个相关的维度表。在星形模式中,中心是一个事实表,其周围的维度表是表示星星的放射状分支,图 3-3 所示就是一个星形模式示例。中心事实表是订单表,关联了 4 个维度表。订单表通过销售 ID 与销售商维度表关联,通过顾客 ID 与顾客维度表关联,通过订单项 ID 与发货维度表关联,通过产品 ID 与产品维度表关联。

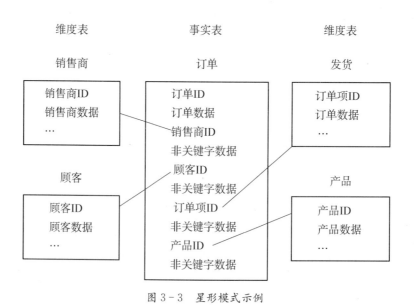

图 3-3　星形模式示例

星形模式具有非规范化的特点,即维度表的设计可以不受关系数据库规范化规则的约束。该特点既给星形模式带来一定的优点,也带来一定的缺陷。星形模式的主要优点如下所述。

(1) 简化查询,提升查询效率:高度规范化的数据表,在进行一个复杂查询时,往往需要更多的表进行连接查询。一般来说,连接的表越多,查询效率越低。而在星形模式中,连接逻辑比较简单,从中心事实表出发连接多个维度表,每个维度只有一张表。因此,在查询时,可以通过中心事实表,简化查询处理过程,提升查询效率。

(2) 简化业务报表逻辑:在高度规范化的数据模型中,普通的业务报表逻辑处理起来也受到多表连接的困扰,使得处理复杂。而星形模式具有查询简单的特点,可以简化业务报表逻辑的处理。

(3) 便于向数据立方体提供数据:星形模式可被广泛应用于高效建立数据立方体,几乎所有的 OLAP 系统都提供 ROLAP(Relational OLAP,关系型 OLAP),ROLAP 可以直接把星形模式的数据作为数据源,无须单独构建数据立方体。

星形模式主要缺点就是不能保证数据的完整性,数据完整性问题在数据库理论中有专门的阐述。一个数据模型不具备数据完整性,往往导致在插入或更新时出现数据异常问题。

雪花模式与星形模式相似,也是由一个事实表表示,该事实表与多个维度表相连。在雪花模式中,一个维度可以被规范化为多张相关的维度表。雪花模式的具体示例如图 3-4 所示,这是一种以事实表为中心的雪花型结构。在该示例中,事实表是销售表,销售表通过商品 ID 与商品维度表关联,而且商品维度表的一个属性商品类别进一步规范化为一张单独的表,即通过类别 ID 与商品类别维度表关联。而星形模式中的维度表是非规范化的,每个维度由单张表表示。

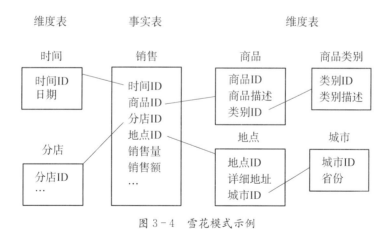

图 3-4　雪花模式示例

星形模式和雪花模式都是建立维度数据仓库或数据集市的常用方式,适用于加快查询速度比高效维护数据的重要性更高的场景。这些模式中的表没有特别的规范化,一般都被设计成一个低于第三范式的级别。而且,星花模式可以看作雪花模式的一个特例,即一个维度没有分成多张表。由于雪花模式更加规范,在某些情况下,雪花模式更具有优势:一些多维数据库建模工具可以专为雪花模式进行优化,还可以降低数据冗余,节省存储空间。雪花模式的主要缺点是由于维度属性规范化,增加了查询的连接操作和逻辑复杂度,相比于星形模式,查询性能也有所降低。

3.4 OLAP 操作

OLAP 是企业经营分析的核心内容,能够帮助用户进行多角度、立体化、灵活动态、下钻上钻地分析业务数据,其主要操作有:切片(Slice)和切块(Dice)、钻取(Drill)、旋转(Pivoting)。

1. 切片(Slice)和切块(Dice)

切片和切块是在维上做投影操作。

切片就是在多维数组上选定一个二维子集的操作,即在某两个维上取一定区间的维成员或全部维成员,而在其余的维上选定一个维成员的操作。例如,对于如图 3-2 所示的立方体,从该立方体中可以切出一片(见图 3-5),这一片数据表示的是电视机在四个销售地区、四个季度的销售额。

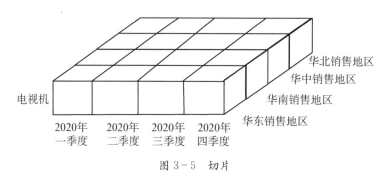

图 3-5 切片

切块是对多维数据立方体进行三维及以上的操作。例如,对于图 3-2 所示的立方体,从该立方体中可以切出一块,如图 3-6 所示,这一块数据表示的是华东销售地区、华南销售地区电视机、空调在 2020 年四个季度的销售额。

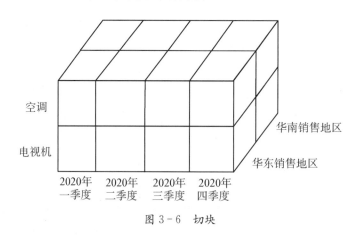

图 3-6 切块

维是观察数据的角度,切片或切块的作用就是舍弃一些观察角度,使人们能在较少的维度上集中观察数据。因为人的空间想象能力有限,一般很难想象四维以上的空间结构,所以对于维数较多的多维数据空间,数据切片或切块是十分有意义的。

2. 钻取(Drill)

钻取有向下钻取(Drill Down,简称下钻)和向上钻取(Drill Up,简称上钻)操作。

下钻是使用户在多层数据中展现渐增的细节层次,获得更多的细节性数据。例如,对于图 3-2 所示的立方体,该立方体的地域维是以该公司划分的销售地区来划分。如果在分析时,分析人员想查看一个销售地区中各个省的销售数据,可将地区维下钻到省一级,数据粒度变得更细。假定华中销售地区包括 4 个省份:湖北省、湖南省、河南省、江西省。通过下钻,分析人员可以查看华中销售地区四个省的销售情况,如图 3-7 所示。

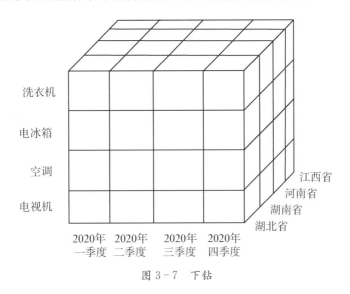

图 3-7 下钻

上钻是下钻的逆过程,以渐增概括方式汇总数据。例如,对于图 3-2 所示的立方体,该立方体的时间维是季度级别。如果分析人员想探查 2020 年各地区的销售数据,那么时间维可以上钻到年度级别,数据粒度变得更粗,如图 3-8 所示。

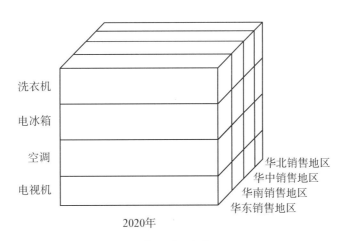

图 3-8 上钻

3．旋转（Pivoting）

旋转是改变报表或即席查询的维度的相对位置。通过旋转，分析人员可以得到不同视角的数据。旋转操作有两种含义。一种是调换已有维度的位置，相当于坐标轴的旋转。例如，如图3-7所示的立方体进行旋转，首先进行时间维和产品维的调换，其次进行产品维和地区维的调换，可得到如图3-9所示的立方体。这样，观察角度就改变。另一种是用其他维代替其中一个维度，例如，图3-9所示的立方体，地域维是华中销售地区各省份，该地域维可以替换为华东销售地区各省份，从而可以查看华东销售地区各省份的详细销售情况。

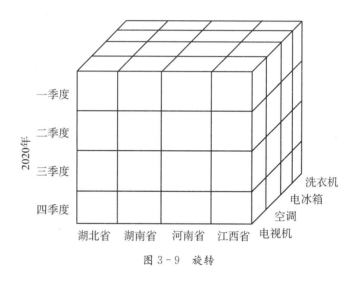

图3-9　旋转

3.5　OLAP 常用分类

OLAP 系统根据数据存储格式可以分为三种类型：关系联机分析处理（Relational OLAP，ROLAP）、多维联机分析处理（Multidimensional OLAP，MOLAP）和混合型联机分析处理（Hybrid OLAP，HOLAP）。

1．ROLAP

ROLAP 将分析用的多维数据存储在关系数据库中，并根据应用需要有选择地定义一批实视图，将这批实视图作为物理表也存储在关系数据库中。但是，不必要将每一个 SQL 查询都作为实视图保存，只需要定义那些应用频率比较高、计算工作量比较大的查询作为实视图。为了提高查询效率，对每个针对联机分析处理服务器的查询，要优先利用已经计算好的实视图来生成查询结果。同时，用作 ROLAP 存储器的关系数据库管理系统也针对 OLAP 作相应的优化，比如并行存储、并行查询、并行数据管理、基于成本的查询优化、位图索引、SQL 的 OLAP 扩展（cube，rollup）等等。

2．MOLAP

MOLAP 将 OLAP 分析所用到的多维数据物理上存储为多维数组的形式，形成"立方体"（cube）的结构。维的属性值被映射成多维数组的下标值或下标的范围，而汇总数据作为多维数组的值存储在数组的单元中。由于 MOLAP 采用了新的存储结构且从物理层开始实现,因此又称为物理联机分析处理(Physical OLAP);而 ROLAP 主要通过一些软件工具或中间软件实现,物理层仍采用关系数据库的存储结构,因此称为虚拟联机分析处理(Virtual OLAP)。

3. HOLAP

MOLAP 和 ROLAP 有着各自的优点和缺点,且它们的结构完全不同,这给分析人员设计 OLAP 结构提出了难题。为此,一个新的 OLAP 结构——混合型 OLAP(HOLAP)被提出,它能把 MOLAP 和 ROLAP 两种结构的优点结合起来。迄今为止,HOLAP 还没有一个正式的定义。但很明显,HOLAP 结构不应该是 MOLAP 与 ROLAP 结构的简单组合,而是这两种结构技术优点的有机结合,能满足用户各种复杂的分析查询请求。

习 题

1. 简述 OLAP 的概念。
2. 简述维、维的层次、维成员、度量的概念。
3. 简述 OLAP 与 OLTP 的联系与区别。
4. 简述多维数据模型的概念。
5. 简述事实表和维度的概念。
6. 什么是维度建模的星形模式,说明其优缺点。
7. 什么是维度建模的雪花模式,说明其优缺点。
8. 举例说明 OLAP 的常用操作。
9. 简述 OLAP 的分类。

第 **4** 章

数据挖掘基础

本章知识点

（1）掌握数据定义、数据对象与属性类型等相关概念。

（2）理解数据相似与相异的测量方法。

（3）掌握数据预处理的基本方法。

（4）理解数据挖掘流程模型。

数字化、网络化、智能化是新一轮科技革命的突出特征，也是新一代信息技术的核心，数字化为社会信息化奠定基础，其发展趋势是社会的全面数据化。随着数据采集和存储技术的迅速发展，加之数据生成与传播的便捷性，致使数据爆炸性增长，最终形成了当前的大数据时代。围绕数据进行深入分析，对几乎所有领域都变得越来越重要：商业和工业、科学和工程、医药和生物技术以及政府和个人。面对海量数据爆发式增长，传统数据分析手段已经成为挖掘数据价值的瓶颈，企业迫切需要通过智能化技术对数据进行深入挖掘。

4.1 数据概念

4.1.1 数据对象与属性类型

数据是形成信息、知识和智慧的源泉，是科技创新的基石，是信息社会发展的重要资源之一，也是未来社会的一种重要的竞争力。数据是使用约定俗成的关键字，对客观事物的数量、属性、位置及其相互关系进行抽象表示，以适合在该领域中用人工或自然的方式进行保存、传递和处理。数据本质上是一种表示方法，是人为创造的符号形态，是它所代表的对象的解释，同时又需要被解释。数据对事物的表示方式和解释方式必须是权威、标准、通用的，如此才能达到通信、解释和处理的目的。各领域专家和学者从不同的角度给出了数据的不同定义，下面列举3种常见的定义。

（1）国际数据管理协会（DAMA）认为数据是"以文本、数字、图形、图像、声音和视频等格式对事实进行表现"。

（2）美国质量学会（ASQ）将数据定义为"收集的一组事实"。

（3）国际标准化组织（ISO）将数据定义为"以适合于通信、解释或处理的正规方式来表示的可重新解释的信息"。

在数据挖掘领域，数据集合由数据组成，一个数据对象代表一个实体，数据对象用属性进行描述，通常数据对象又称样本、实例、数据点或对象。在数据库领域，数据对象存放在数据库中表示数据元组，它的行对应数据对象，列对应属性。例如，在销售数据库中，对象可以是顾客、商品或销售；在医疗数据库中，对象可以是患者；在高校数据库中，对象可以是学生、教授和课程。

属性是一个数据字段，表示数据对象的一个特征，在学术领域，属性、维、特征等名称通常可以互换地使用。例如，描述顾客对象的属性可能包括用户 ID（customer_ID）、姓名（name）和住址（address）。给定属性的观测值称为观测，用来描述一个给定对象的一组属性称为属性向量，涉及一个属性的数据分布称为单变量，涉及两个属性的数据分布称为双变量。一个属性的类型由该属性可能具有的值的集合决定，属性的类型有标称属性、二元属性、序数属性、数值属性。

1. 标称属性

标称属性表示一些符号或事物的名称，标称的每个值代表某种类别或状态，因此标称属性可以看作是某种分类，标称值可以是有序的也可以是无序的。在描述人的属性中，可以用性别和婚姻状况两个属性，性别的可能值为男或女，婚姻状况的取值可以是单身、已婚、离异和丧偶，性别和婚姻状况都可以看作是标称属性。标称属性的另一个例子是职业，其值可取工人、学生、教师、企业家等，这些值不必是有序的或者不必是定量的。

虽然标称属性的值是一些符号或事物的名称，但是也可以用数字表示这些符号或名称。例如对于性别，可以指定代码，0 表示女性，1 表示男性，又如顾客编号，它的值可以都是数值。通常，在标称属性上面的数学运算是没有具体意义的，一个顾客编号减去另一个顾客编号并没有实际意义。因为标称属性值并不是具有意义的顺序数字，并且不是定量的，因此，给定一个数据对象集合，找出这种属性的均值也是没有含义的。

2. 二元属性

二元属性是一种标称属性，只有两个类别或状态即 0 或 1，其中 0 通常表示该属性不出现，而 1 表示出现。二元属性又称布尔属性，两种状态分别对应于 true 和 false。如果两个状态同等重要，则属性是对称的；否则属性是非对称的，通常用 1 来表示更重要的状态。

譬如，假设属性烟草（tobacco）描述患者对象，1 表示患者抽烟，0 表示患者不抽烟。类似地，假设患者进行具有两种可能结果的医学化验，属性身体健康（bodyhealth）是二元的，其中值 1 表示患者的化验结果为阳性，0 表示结果为阴性。一个二元属性是对称的，如果它的两种状态具有同等价值并且携带相同的权重，比如性别属性，其值属于男或女其中的哪种状态并无明显的差异。一个二元属性是非对称的，其状态的重要性不是同等的，比如某种传染病感染化验的结果，可以用 1 对最重要的结果编码，1 表示某种传染病感染阳性，0 表示传染病感染阴性。

3. 序数属性

序数属性的值之间是有顺序含义的，但是相继值之间的差是未知的。如军衔，排长、连长、营长、团长,是有序的,但不能说团长是连长的多少倍,序数属性不是定量的。

举个例子,假设软水(softwater)表示食堂供应的某种饮料类型,这个标称属性具有 3 个可能的值:小、中、大,这些值具有先后次序,但是不能说"大"是"中"的多少倍。另外的例子包括成绩 score,其值为 A+、A、A−、B+ 等和 jobrk 职位,职位可以按顺序枚举,对于教师而言,包括助教、讲师、副教授和教授,但不能量化教授比讲师多多少。

对于不能客观方法度量的主观质量评估,序数属性是有用的。因此,序数属性通常用于等级评定调查。在一项调查中,作为顾客,参与者被要求评定他们的满意程度,顾客的满意度有如下序数类别:0—很不满意,1—不太满意,2—中性,3—满意,4—很满意。序数属性也可以把数值量的值域划分成有限个有序类别进行有限分类,即通过把数值属性离散化而得到定性的分类。序数属性的中心趋势可以用它的众数和中位数表示,但不能定义均值。

4. 数值属性

数值属性是定量的,即它是可度量的量,用整数或实数值表示。数值属性包括区间标度和比率标度。

1)区间标度

区间标度用相等的单位尺度进行度量。区间属性的值有序,可以分为正、零或负。因此,除了值的秩序之外,这种属性还允许人们比较和定量评估值之间的差。例如,天气的温度是区间标度属性,假设有多日的室外温度值,其中每天是一个对象,把这些值排序,则人们可以得到这些对象关于温度的排序,同时还可以量化比较不同值之间的差,比如昨天的温度 20℃ 比前天的 15℃ 高出 5℃,这个差值是有含义的。

由于摄氏温度和华氏温度都没有真正的零点即 0℃ 和 0°F 都不表示"没有温度"。尽管人们可以计算温度值之差,但是不能说一个温度值是另一个的倍数,不能说 10℃ 比 5℃ 温暖 2 倍,通常不能用比率谈论这些值。由于区间标度属性是数值的,除了中心趋势度量中位数和众数之外,人们还可以计算它们的均值。

2)比率标度

比率标度是具有固有零点的数值属性。如果度量是比率标度的,则我们可以说一个值是另一个的倍数。此外,这些值是有序的,因此我们可以计算值之间的差,也能计算均值、中位数和众数。

举个例子,比如职工的工作年限,甲的工作年限是 10 年,而乙的工作年限是 5 年,可以说甲是乙的两倍。其他属性,譬如质量、高度、速度和货币量等也是比率标度,可以说 100 元比 1 元富有 100 倍。

5. 离散属性与连续属性

除了标称、二元、序数和数值类型等属性类别外,通常还有离散和连续属性。在机器学习领域,分类算法通常把属性分成离散的或连续的。离散属性具有有限或无限个可数的值,可以用整数表示。例如对于二元属性取 0 和 1,对于年龄属性取 0 到 110。如果一个属性可能的值集合是无限的,但是可以建立一个与自然数的一一对应,则这个属性是无限可数。例如,属性顾客编号在理论上无限的,但实际上的值集合是有限可数的。

4.1.2 数据的基本统计指标

对于成功的数据预处理而言,把握数据的全貌是至关重要的。基本统计描述可以用来识别数据的性质,并凸显哪些数据值应该视为噪声或离群点。本节从两个方面进行讨论,从中心趋势度量开始,它的作用是度量数据分布的中心位置即某个属性的值大部分落在何处?除了估计数据集的中心趋势之外,人们还想知道数据的散布或分散情况。数据散布最常见的度量是数据的极差、四分位数、四分位数极差,以及数据的方差和标准差。

1. 中心趋势度量

本节主要介绍度量数据中心的趋势的主要方法。中心趋势度量包括均值、中位数、众数和中列数。

1)均值

最常用的均值是算术均值,即

$$\overline{X} = \frac{\sum\limits_{i=1}^{N} x_i}{N} \tag{4-1}$$

或者使用加权平均,权反映对应值的重要性或者出现的频率,即

$$\overline{X} = \frac{\sum\limits_{i=1}^{N} w_i x_i}{\sum\limits_{i=1}^{N} w_i} \tag{4-2}$$

通常均值对极端值很敏感,对于非对称数据,数据中心趋势更好的度量是中位数。

2)中位数

中位数是有序数据的中间值,通常将数据分成两半。

3)众数

众数表示出现次数最多的值即统计出现次数最多的数。当数据对称时,在具有完全对称的数据分布的单峰频率曲线中,均值、中位数和众数都是相同的中心值,众数=中位数=均值;当次数分布右偏时,即正倾斜时,均值受偏大数值影响较大,其位置必然在众数之右,中位数在众数与算术平均数之间,众数<中位数<均值;反之,当次数分布左偏时,即负倾斜时,均值受偏小数值的影响较大,其位置在众数之左,中位数仍在两者之间,均值<中位数<众数。

在大部分实际应用中,数据都是不对称的。它们可能是正倾斜的,其众数出现在小于中位数的值上,它们也可能是负倾斜的,其众数出现在大于中位数的值上。

4)中列数

中列数表示数据集里最大值和最小值的算术平均,可以用来评估数值数据的中心趋势,也可作为对称分布的均值的粗略估计。

2. 数据散布的度量

本节介绍关于数值数据散布或发散情况。度量方法包括极差、四分位数、方差、标准

差等,数据的离散程度也可以看成是数据的变异程度,变异程度可以放在几何空间来理解,是描述数值之间分散状况的测量指标。

1) 极差

极差表示数据集合里面最大值与最小值之差,它能体现一组数据波动的范围,通常极差越大,数据集的离散程度越大,反之,数据集的离散程度越小。

$$range = max - min \qquad (4-3)$$

2) 四分位数

四分位数是分位数的一种,它把所有数值由小到大排列并分成四等份,处于三个分割点位置的数就是四分位数(见图4-1)。第一四分位数(Q1),等于该样本中所有数值由小到大排列后处于第25%的数字;第二四分位数(Q2),又称"中位数",等于该样本中所有数值由小到大排列后处于第50%的数字;第三四分位数(Q3),等于该样本中所有数值由小到大排列后处于第75%的数字。第三四分位数与第一四分位数的差距又称四分位距。

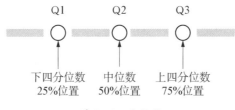

图4-1 分位数

3) 方差和标准差

标准差用来测量数据的波动水平,表示数据离均值的平均距离。标准差是方差的平方根,方差计算公式为

$$\sigma^2 = \frac{\sum (X - \mu)^2}{N} \qquad (4-4)$$

其中,σ^2为总体方差;X为观测样本值;μ为样本均值;N为总体样本数。观测数据标准差是方差的平方根,低标准差意味着数据趋向于靠近均值,而高标准差说明数据散布在一个大的值域中。

4.1.3 数据相似与相异测量

在诸如聚类、离群点分析和最近邻分类等数据挖掘应用中,人们需要评估对象之间相似或差异程度。例如,电商平台通过分析消费人群簇,希望得出具有相似特征(例如,相似的收入、居住区域和年龄等)的用户分组,基于分组可以提高营销的针对性。分类所得到的簇是数据对象的集合,通常要求同一个簇中的对象相似,而与不同簇中的对象不同。离群点分析也使用基于聚类的技术,把可能的离群点看成和其他对象高度相异的对象。

相似性和相异性都称邻近性(proximity)。如果两个对象i和j不相似,则它们的相似度返回0,相似性值越高,表示对象之间的相似程度越大,值1指示完全两个对象完全相似。相异性度量正好相反,如果对象相同,则它返回值0,相异性值越大表示两个对象差异越大。下面分别从标称属性、二元属性、数值属性、序数属性和基于这些属性的组合来分别计算对象的相异性。通常数据是多维度的,聚类、分类等算法都使用如下两种数据结构表示数据:数据矩阵和相异性矩阵,其中数据矩阵用关系表的形式存放 n 个数据对象,数据矩阵表示 n 个对象被 p 个属性刻画,是一种对象-属性的结构,行代表对象,列表示属性,通常数据矩阵被称为二模矩阵,即

$$\begin{bmatrix} x_{11} & \cdots & x_{1f} & \cdots & x_{1p} \\ \cdots & \cdots & \cdots & \cdots & \cdots \\ x_{i1} & \cdots & x_{if} & \cdots & x_{ip} \\ \cdots & \cdots & \cdots & \cdots & \cdots \\ x_{n1} & \cdots & x_{nf} & \cdots & x_{np} \end{bmatrix} \qquad (4-5)$$

其中,x_{ij} 表示对象 x_i 的第 j 个属性取值。

相异性矩阵用来存放 n 个对象两两之间的邻近度,它是一种对象—对象结构,只包含一类实体,因此被称为单模矩阵。单模矩阵可表示为

$$\begin{bmatrix} 0 & & & & \\ d(2,1) & 0 & & & \\ d(3,1) & d(3,2) & 0 & & \\ \vdots & \vdots & \vdots & & \\ d(n,1) & d(n,2) & \cdots & \cdots & 0 \end{bmatrix} \qquad (4-6)$$

该矩阵是对称的,$d(i,j)$ 是对象 i 和对象 j 之间的相异性的度量,其中 $d(i,i)=0$ 即一个对象与自己的差别为0。

数据矩阵由两种实体或"事物"组成,即行(代表对象)和列(代表属性),相异性矩阵只包含一类实体。许多算法都在相异性矩阵上运行,在使用这些算法之前可以把数据矩阵转化为相异性矩阵。下面内容讨论对于不同类型数据的邻近性度量方法。

1. 标称属性的邻近性度量

标称属性可以取两个或多个状态。例如,背景颜色"bgcolor"是一个标称属性,它有5种状态:红、黄、绿、粉红和蓝。假设一个标称属性的状态数目是 M,这些状态可以用字母、符号或者一组整数(如 $1,2,\cdots,M$)表示。注意这些整数只是用于数据处理,并不代表任何特定的顺序。"如何计算标称属性所刻画的对象之间的相异性?"两个对象 i 和 j 之间的相异性可以根据不匹配率来计算:

$$d(i,j) = (p-m)/p \qquad (4-7)$$

其中,m 是匹配的数目(即 i 和 j 取值相同状态的属性数),p 是刻画对象的属性总数。人们也可以通过赋予 m 较大的权重,或者赋给有较多状态的属性的匹配更大的权重来增加 m 的影响。

2. 二元属性的邻近性度量

下面讲解基于对称和非对称二元属性刻画的对象间的相异性和相似性度量。上述章

节提到二元属性只有两种状态:0 或 1,其中 0 表示该属性不出现,1 表示它出现。例如,给出一个描述患者的属性 tobacco,1 表示患者抽烟,而 0 表示患者不抽烟。

"那么,如何计算两个二元属性之间的相异性?"如果所有的二元属性都具有相同的权重,则可以得到一个两行两列的列联表(见表 4-1),其中,q 是对象 i 和 j 都取 1 的属性数,r 是在对象中取 1 但在对象 j 中取 0 的属性数,s 是在对象 i 中取 0 但在对象 j 中取 1 的属性数,而 t 是对象 i 和 j 都取 0 的属性数,属性的总数是 p,其中 $p=q+r+s+t$。

表 4-1　对象 i 和 j 异同属性表

对象 i	对象 j		
	1	0	sum
1	q	r	$q+r$
0	s	t	$s+t$
sum	$q+s$	$r+t$	p

对于对称的二元属性,每个状态都同样重要。基于对称二元属性的相异性称作对称的二元相异性。如果对象 i 和 j 都用对称的二元属性刻画,则 i 和 j 的相异性为

$$d(i,j) = (r+s)/(q+r+s+t) \tag{4-8}$$

对于非对称的二元属性,两个状态不是同等重要的,比如病理化验的阳性(1)和阴性(0)结果。给定两个非对称的二元属性,两个都取值 1 的情况(正匹配)被认为比两个都取值 0 的情况(负匹配)更有意义。基于这种属性的相异性被称为非对称的二元相异性,其中负匹配数 t 被认为是不重要的,因此在计算时被忽略,则 i 和 j 的相异性为

$$d(i,j) = (r+s)/(q+r+s) \tag{4-9}$$

3. 数值属性相异性

数值属性刻画的对象之间的相异性度量,通常应该先把数据进行规范化处理,使之落入更小的值域,例如 $[0,1]$ 区间。令 $i=(x_{i1}, x_{i2}, \cdots, x_{ip})$ 和 $j=(x_{j1}, x_{j2}, \cdots, x_{jp})$ 表示两个被 p 个属性描述的对象,对象 i 和 j 之间相异性可以使用两者之间的距离进行表示,通常距离计算包括如下几种方式。

(1)欧几里得距离为

$$d(i, j) = \sqrt{(x_{i1} - x_{j1})^2 + (x_{i2} - x_{j2})^2 + \cdots + (x_{ip} - x_{jp})^2} \tag{4-10}$$

(2)曼哈顿距离为

$$d(i, j) = |x_{i1} - x_{j1}| + |x_{i2} - x_{j2}| + \cdots + |x_{ip} - x_{jp}| \tag{4-11}$$

(3)闵可夫斯基距离为

$$d(i, j) = \sqrt[h]{|x_{i1} - x_{j1}|^h + |x_{i2} - x_{j2}|^h + \cdots + |x_{ip} - x_{jp}|^h} \tag{4-12}$$

具体使用哪种距离公式要考虑应用场景,欧几里得距离类似于空间两点间距离,曼哈顿距离表示两对象各属性差的绝对值的和,闵可夫斯基距离表示各属性的差的绝对值的 h

次方,求其和后再开 h 次方,其中 p 为属性数。

4. 序数属性的邻近性度量

序数属性的值是具有顺序意义的,而相继值之间的差值是未知的。比如容量属性的值序列可以表示为小、中、大。序数属性也可以通过把数值属性的值域划分成有限个类别以及对数值属性离散化得到。序数属性的邻近性度量步骤如下:

(1) 假设 c 为对象 i 的一个序数属性,值为 x_{ic},其有 p_c 个有序的状态,表示排位数,用对应的排位数 $S_{ic} \in \{1, \cdots, p_c\}$ 取代 x_{ic}。

(2) 由于每个序数属性都可能有不同的状态数,所以通常将每个属性的值域映射到 $[0.0,1.0]$ 上,用 NS_{ic} 代替 S_{ic} 来实现数据规格化。

$$NS_{ic} = (S_{ic} - 1)/(P_c - 1) \tag{4-13}$$

(3) 这时候序数属性的邻近性度量就可以转换为数值属性的邻近性度量来计算了。

5. 混合类型属性的相异性

在许多实际应用中,对象是被混合类型的属性描述的。一般来说,一个数据库可能包含上面列举的所有属性类型,如何计算此种类型的数据呢? 一种方法是将每种类型的属性分成一组,对每种类型分别进行挖掘分析(例如,聚类分析)。如果这些分析得到适合的结果,则这种方法是可行的。然而,在实际的应用中,每种属性类型分别分析不大可能产生适合的结果。另一种更可取的方法是将所有属性类型一起处理,只做一次分析。譬如可以将不同的属性组合在单个相异性矩阵中,把所有有意义的属性转换到共同的区间 $[0.0,1.0]$ 上。

4.2 数据预处理

4.2.1 概述

数据挖掘对象类型可以是结构化的、半结构化的、非结构化数据甚至是异构类型的,根据数据形态可以分为数值、文本、图像、音频视频、空间等类型。根据依赖关系通常又可以划分为非依赖型和依赖型数据,非依赖型数据最大特点就是各个数据项彼此独立,相互之间没有依赖关系,不会"牵一发而动全身",而依赖型数据包括时间序列数据、图和网络型数据,其特点是相互之间存在依存关系。

在实际应用中,通常数据处理相关的工作时间会占据数据挖掘项目的 50% 以上,输入数据的质量直接决定了模型的预测和泛化能力的好坏,因此数据挖掘的前提条件就是要有好的数据质量。人们经常抱怨数据虽然很丰富,但挖掘出的信息却比较贫乏,数据分析技术缺乏是其中一个原因,而还有一个重要原因则是因为数据质量不够好,因此需要对数据进行预处理。

数据预处理是从数据中检测、修改或删除不准确或不适用于模型的记录的过程,从而提高数据质量,让数据适应模型、匹配模型的需求。在实际处理数据过程中,可能面对的问题包括:数据类型不同,比如有的是文字、有的是数字、有的含时间序列、有的连续、有的间断;也可能,数据的质量不高,有噪声、有异常、有缺失、数据出错、量纲不一、有重复,以及数据分布是偏态的,数据量太小等等。总结来看,数据质量涉及很多因素,包括:代表性、准确性、完整性、一致性、时效性、样本量、可信性和解释性等方面。在真实数据中可能存在各种数据问题,因此需要对数据进行预处理。

数据预处理包括 4 个方面,数据清洗、数据集成、数据规约以及数据变换:

(1) 数据清洗:数据清洗是对各种"脏"数据进行对应方式的处理,得到标准的、干净的、连续的数据,提供给数据统计、数据挖掘等使用,可以清除数据中的噪声,纠正不一致。

(2) 数据集成:将数据由多个数据源合并成一个一致的数据存储,如数据仓库。

(3) 数据归约:可以通过如聚集、删除冗余特征或聚类来降低数据的规模。

(4) 数据变换:通过规范化、标准化等方法把数据压缩映射到较小的数值区间。

4.2.2 基本方法

1. 数据清理

数据清理主要方法是通过填补缺失值、光滑噪声数据、平滑或删除离群点以及解决数据的不一致性来"清理"数据。

1) 缺失值处理

人们在现实世界获取信息和数据的过程中,通常会存在各类的原因导致的数据丢失和空缺。针对缺失值的处理方法,业界主要是基于变量的分布特性和变量的重要性(比如考虑变量包含的信息量和预测能力)采用不同的方法,可分为以下 6 种:

(1) 忽略元组,忽略某元组后,不能再使用该元组的其他属性值。

(2) 删除变量,若变量的缺失率较高,覆盖率较低,且重要性较低,可以直接将变量删除。

(3) 人工填写,根据经验人工填写值缺失值。

(4) 全局常量,使用一个全局常量填充缺失值。

(5) 统计量填充:若缺失率较低且重要性较低,则根据数据分布的情况进行填充。假如数据均匀分布,用该变量的均值填补缺失;若数据分布非均匀,可采用中位数进行填补。

(6) 模型填充:使用回归、贝叶斯、随机森林、决策树等模型对缺失数据进行预测然后填充。

2) 光滑数据噪声

噪声是变量的随机误差和方差,是观测点和真实点之间的误差,处理方法主要包括分箱和回归,分箱是通过考察数据的"近邻"来光滑有序数据值,回归是用一个函数拟合数据来光滑数据。具体看,分箱操作采用等频或等宽分箱,然后用每个箱的平均数、中位数或者边界值代替箱中所有的数,起到平滑数据的作用。回归模型是建立该变量和预测变量的回归模型,根据回归系数和预测变量,反解出自变量的近似值。线性回归涉及找出拟合两个属性的"最佳"直线,使一个属性可以用来预测另一个属性。多元线性回归是线性回归的补充,涉及多个属性,并且数据拟合到一个多维曲面。

3) 离群点处理

异常值是数据分布的常态,处于特定分布区域或范围之外的数据通常被定义为异常或噪声。异常分为两种：① 伪异常是由于特定的业务运营动作产生的，是正常反映业务的状态，而不是指数据本身的异常；② 真异常不是由于特定的业务运营动作产生，而是数据本身分布异常，即离群点。离群点主要有以下几种检测方法：

（1）简单统计分析：根据箱线图、各分位点判断是否存在异常。

（2）基于绝对离差中位数：这是一种对抗离群数据的距离值方法，计算各观测值与平均值的距离总和，但放大了离群值的影响。

（3）基于距离：通过定义对象之间的邻近性度量，根据距离判断异常对象是否远离其他对象，缺点是计算复杂度较高，不适用于大数据集和存在不同密度区域的数据集。

（4）基于密度：离群点的局部密度显著低于大部分近邻点，适用于非均匀的数据集。

（5）基于聚类：利用聚类算法，丢弃远离其他簇的小簇。

（6）基于分类：利用分类算法基于分类样本训练分类器，通过分类器识别新样本是否异常。

2. 数据集成

数据分析任务通常涉及数据集成，数据集成是将多个数据源中的数据结合、存放在一个一致的地方中进行存储，如在数据仓库中，这些数据源可能包括多个数据库、数据方或一般文件。数据集成主要包括以下方面：

（1）实体识别问题。例如一个数据库中的"userid"和另一个数据库中的"usernumber"指的是否是同一实体？通常，数据库和数据仓库有元数据即关于数据的数据，通过元数据可以避免数据集成中的实体识别错误。

（2）冗余问题。一个属性可能由另一个或几个属性导出，则这个属性可能是冗余的，属性或维度命名不一致也可能导致数据集中的冗余。数值型变量可计算相关系数和协方差，对于标称数据，使用卡方检验进行处理。

（3）数据值冲突。如对于现实世界的同一实体，来自不同数据源的属性值可能不同，这可能是因为表示、尺度或编码不同；属性也可能在不同的抽象层次，譬如一个是省级，一个是市级。因此在集成不同数据源，在统一合并时，需要统一规范进行去重。

3. 数据归约

数据归约技术可以用来得到数据集的归约表示，它规模通常比较小，但仍保留了原数据的完整性。在归约后的数据集上进行挖掘将更有效，并产生几乎相同的分析结果，数据归约方法包括维归约、数量归约和数据压缩。

（1）维归约。其思路是减少所考虑对象的属性或维度个数，维归约的方法包括小波变换、主成分分析（principal component analysis，PCA）、因子分析（factor analysis，FA），这些方法通常把原数据变换或投影到较小的特征空间。另外还有属性子集选择的方法，该方法主要是去掉不相关的属性，通过属性构造即从原来的属性集导出更有用的小属性集。例如，奇异值分解（singular value decomposition，SVD）进行降维的思路是通过聚类将某一类具有相似特征的数据聚到单个变量，或者通过线性组合的方式将多个变量做线性回归组合成一个变量。

下面通过操作实例 4-1 来学习 PCA 的降维方法。

操作实例 4-1　主成分分析降维

PCA 在数据预处理阶段的特征筛选时会经常用到,PCA 并不是简单地剔除一些特征,而是将现有的特征进行一些变换,选择最能表达该数据集的最好的几个特征来达到降维目的。PCA 的原理是:假如原始数据集 X 是 $N*M$(N 是样本数,M 是特征数)先计算出协方差矩阵的特征值和特征向量(M 维),然后挑选出对应特征值最大的特征向量(S 个)组成映射矩阵 $W(M*S)$,用 $X*W$ 即可得到降维后的数据集($N*S$),基于 Python 的代码实现如下:

```
import numpy as np
from sklearn. decomposition import PCA
X = np. array([[-1, -1], [-2, -1], [-3, -2], [1, 1], [2, 1], [3, 2]])
#原始数据
pca = PCA(n_components=2) #创建一个 PCA 对象,其中参数 n_components
表示保留的特征数
newX = pca. fit_transform(X) #用 X 来训练 PCA 模型,同时返回降维后的数据
print(X)
```

Out[365]:

```
[[-1  -1]
 [-2  -1]
 [-3  -2]
 [ 1   1]
 [ 2   1]
 [ 3   2]]
```

print(newX)

Out[366]:

```
array([[ 1. 38340578,  0. 2935787 ],
       [ 2. 22189802, -0. 25133484],
       [ 3. 6053038,  0. 04224385],
       [-1. 38340578, -0. 2935787 ],
       [-2. 22189802,  0. 25133484],
       [-3. 6053038, -0. 04224385]])
```

print(pca. explained_variance_ratio_) #返回各个成分各自的方差百分比(贡献率)

```
[ 0. 99244289   0. 00755711]
```

PCA 将数据投射到一个低维子空间实现降维。例如,二维数据集降维就是把点投射成一条线,数据集的每个样本都可以用一个值表示,不需要两个值。三维数据集可

以降成二维,就是把变量映射成一个平面。一般情况下,n 维数据集可以通过映射降成 k 维子空间,其中 k 是选取的主成分数目。分析上述代码可以发现第一个特征可以99.24%表达整个数据集,因此可以降到 1 维:

```
pca = PCA(n_components=1)
newX = pca.fit_transform(X)
print(pca.explained_variance_ratio_)
[ 0.99244289]
```

(2) 数量归约。使用参数模型(回归模型、对数线性模型等)或非参数模型(直方图、聚类、抽样、数据聚集等)进行数据处理,用经过模型处理后的数据代替原数据。

(3) 数据压缩。使用某种变换以便得到原数据的归约或"压缩"表示。维归约和数量归约也可视为某种形式的数据压缩。

4. 数据变换

数据变换包括对数据进行规范化、离散化等处理,从而将数据转换或统一成适合挖掘的形式。

1) 规范化

数据规范化是指将属性数据按比例缩放,使之落入一个特定的小区间。规范化数据试图赋予所有属性相等的权重。数据中不同特征的量纲可能不一致,数值间的差别可能很大,不进行处理会影响数据分析的结果,因此,需要对数据按照一定比例进行缩放,使之落在一个特定的区域,便于进行综合分析。特别是基于距离的挖掘方法,聚类、KNN、SVM一定要做规范化处理。规范化通常包括几类方法:① 最大-最小规范化,该方法将数据映射到[0,1]区间;② 零-均值规范化(Z-Score 标准化),该方法处理后的数据服从均值为 0、方差为 1 的标准正态分布;③ log 变换,在时间序列数据中,对于数据量级相差较大的变量,通常做 log 对数函数的变换。

(1) 最小-最大规范化。最小-最大规范化也称为离散标准化,是对原始数据的线性变换,它将数据值映射到[0,1]之间,转换公式为

$$x^* = \frac{x - \min}{\max - \min} \tag{4-14}$$

离散标准化保留了原始数据中存在的关系,是一种消除量纲和数据取值范围影响的方法。这种处理方法的缺点是若数值集中且某个数值很大,则规范化后各值接近于 0,并且值会相差不大,例如,(1,1.2,1.3,1.4,1.5,1.6,8.4)这组数据。此外,若将来遇到超过目前属性[min,max]的取值范围时,需要重新确定 min 和 max。

(2) 零-均值规范化(Z-Score 标准化)。零-均值规范化也称标准差标准化,是当前应用较多的数据标准化方式,经过处理的数据服从均值为 0、标准差为 1 的标准正态分布,转化公式为

$$x^* = \frac{x - \overline{x}}{\sigma} \qquad\qquad (4-15)$$

其中，$\overline{x}$ 为原始数据的均值，σ 为原始数据的标准差。

2) 离散化

数据离散化是指将连续的数据进行分段，使其变为一段离散化的区间。该方法把数值属性的原始值用区间标签或概念标签替换，然后把标签递归地组织成更高层概念，从而形成概念分层。分段的原则有基于等距离、等频率或优化的方法，具体介绍如下。

(1) 等频法：把同等数量的样本，通过分箱处理，使得每个箱中的样本数量相等，例如总样本 $n=100$，分成 $k=5$ 个箱，则分箱原则是保证落入每个箱的样本量为 20。

(2) 等宽法：使得属性的箱宽度相等，例如年龄变量（0～100），可分成 $[0,20]$，$[20,40]$，$[40,60]$，$[60,80]$，$[80,100]$ 5 个等宽的箱。

(3) 聚类法：根据聚类出来的簇，每个簇中的数据为一个箱，簇的数量根据经验给定。数据离散化的原因主要有：模型需要，比如决策树、朴素贝叶斯等算法，这些都是基于离散型的数据展开的；有效的离散化能减少算法的时间和空间开销，提高系统对样本的分类聚类能力和抗噪声能力。

除了上述方面外，在实际应用中经常还涉及样本不均衡问题，样本不均衡指的是数据集中的正样本数量与负样本数量的比例失衡。例如，在实际应用中，负样本的数量通常远远大于正样本。样本不均衡会造成分类器在多数类精度较高，少数类的分类精度很低，甚至造成分类器失效。通常解决样本不均衡的方法包括：

(1) 欠采样：通过减少多数类的样本来提高少数类的分类性能。比如，随机地去掉一些多数类样本来减小多数类的规模或者通过一定规则有选择地去掉对分类作用不大的多数样本，该方法的缺点是会丢失多数类的一些重要信息，不能够充分利用已有的信息。

(2) 过抽样：通过改变训练数据的分布来消除或减小数据的不平衡，如对少数类样本进行复制，该方法的缺点是可能导致过拟合。

(3) 算法层面调整，比如改进损失函数的权重，加大少数样本的权值或者采用集成学习方式。

在数据预处理完成后，接下来需要从给定的特征集合中筛选出对当前学习任务有用的特征，这个过程称为特征选择（feature selection）。通常来说，从两个方面考虑特征选择：① 特征是否发散。如果一个特征不够发散，例如方差接近于 0，说明样本在这个特征上基本上没有差异，该特征对于样本的区分能力不强。② 特征与目标的相关性。通常根据在此领域的经验，可以选出对目标变量有更大影响的变量。常见的特征选择方法可分为 3 类：过滤法（filter）、包裹法（wrapper）、嵌入法（embedding）。① 过滤法。按照发散性或者相关性对各个特征进行评分，设定阈值个数，选择特征，包括方差过滤法、皮尔森相关系数、互信息和最大信息系数、卡方检验。② 包裹法。包裹式特征选择直接把最终要使用的学习器性能作为特征子集的评价标准，通过反复构建模型（如 SVM 或者回归模型），然后选出最好的或最差的特征（比如可以根据系数来选），把选出来的特征放到一边，然后在剩余的特征上重复这个过程。③ 嵌入法。将特征选择过程和机器训练过程融合为一体，两者在同一优化过程中完成，即在学习器训练过程中自动进行了特征选择，包括线性判别分析(LDA)和主成分分析法(PCA)。

4.3　数据挖掘概念

随着计算机技术、网络技术和通信技术的快速发展，人们获取、存储和传递数据的能力日益增强。面对数据的急剧膨胀，不论是科研领域还是工业与商业领域，人们越来越关注对数据的分析处理，以获得有用的信息和知识。数据挖掘和知识发现是20世纪90年代兴起的一门信息处理技术，它是在数据和数据库急剧增长，远远超过人们对数据处理和理解能力的背景下产生的，也是数据库、统计学、机器学习、可视化与高性能计算技术等多学科发展融合的结果。数据挖掘需要数据库系统提供高效的存储、索引和查询处理，源于高性能计算的分布式技术在处理海量数据方面是非常重要的，图4-2显示了数据挖掘与其他领域之间的联系。

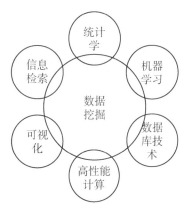

图4-2　数据挖掘相关技术

作为一个多学科交叉领域，数据挖掘的定义也有多种，不同的专家和学者从不同的角度给出了数据挖掘的定义，下面列举几种常见定义。

"数据挖掘就是对观测到的庞大的数据集进行分析，目的是发现未知的关系和以数据拥有者可以理解的且对其有价值的新颖方式来总结数据。"——《数据挖掘原理》(David Hand等)

"数据挖掘是从大量数据中提取或挖掘知识。该术语实际上有点用词不当。数据挖掘应当被更正确地命名为'从数据中挖掘知识'，只是它有点长。许多人把数据挖掘视为另个常用的术语'数据库中知识发现'或知识发现的同义词。而另一些人只是把数据挖掘视为数据库中知识发现过程的一个基本步骤。我们采用广义的数据挖掘功能的观点：数据挖掘是从大量数据中挖掘有趣模式和知识的过程。数据源包括数据库、数据仓库、Web、其他信息存储库或动态流入系统的数据。"——《数据挖掘：概念与技术》(J. Han等)

"运用基于计算机的方法，包括新技术，在数据中获得有用知识的整个过程，就称为数据挖掘。"——《数据挖掘：概念、模型、方法和算法》(Mehmed Kantardzic)

数据挖掘涉及知识面广、技术点多，在面对复杂多样的业务分析场景时，如何做出有效的数据挖掘分析方案其实是有一套可遵循的方法体系。针对不同的分析数据和业务场景，数据挖掘的方法可以分为监督学习、半监督学习、无监督学习、增强学习等，每种方法都有其适应的分析场景和数据基础。

(1) 监督学习是基于标签化的训练数据学习或建立一个映射模式，依此模式推测新的实例，包括：分类、回归、统计估计等。

(2) 半监督学习是指训练集同时包含有标记样本数据和未标记样本数据，并且不需要人工干预，自动利用少量的标注样本和大量的未标注样本进行训练和分类。

(3) 无监督学习是指没有给定事先标记过的训练示例，自动对输入的数据进行分类或分组,包括:聚类、关联规则分析、部分统计模型等。

(4)增强学习(Reinforcement learning)即强化学习,强调基于环境而行动,以取得最大化的预期利益。它采用的是边获得样例边学习的方式,在获得样例之后更新自己的模型,利用当前模型来指导下一步行动,例如博弈论、仿真优化、群体智能。

数据挖掘常被视为知识发现的同义词,但是也有学者将数据挖掘视为知识发现过程中的一个基本步骤。数据是事物的记录,信息是格式化的数据,知识是信息的有效组织。知识发现是一个包括数据清理处理、数据变换、数据挖掘、模式评价等步骤的过程,最终得到知识的全过程,而数据挖掘是其中的一个关键步骤,知识发现过程如图 4-3 所示。

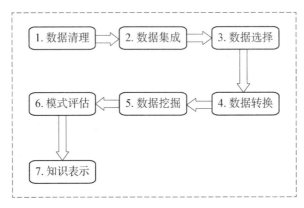

图 4-3　知识发现过程

知识发现过程由以下 7 个步骤组成:

(1)数据清理(data clearing):将数据中的噪声以及与挖掘主题明显无关和不一致的数据清理。

(2)数据集成(data integration):将来自多个不同数据源中的相关数据组合到一起,即把不同来源、格式、特点和性质的数据在逻辑或物理上有机地集中在一起,为企业提供全面的数据共享。

(3)数据选择(data selection):根据分析任务从数据库中提取相关的数据。

(4)数据转换(data transformation):通过平滑聚集、数据概化、规范化、离散化等方式将数据转换成适于数据挖掘的形式存储,通过汇总或聚集操作,把数据变换和统一成适合挖掘的形式。

(5)数据挖掘(data mining):是知识发现的一个基本步骤,采用智能方法挖掘数据模式、规律性知识。根据数据仓库中的数据,选择合适的分析工具,应用统计方法、事例推理、决策树、规则推理以及神经网络、深度学习等方法处理信息,得出有用的模式、规律或知识。

(6)模式评估(pattern evaluation):根据某种兴趣度度量,识别代表知识的真正有趣的模式,并从商业角度,由行业专家来验证数据挖掘结果的正确性。

(7)知识表示(knowledge presentation):采用可视化和知识表示技术,向用户提供所挖掘的知识。

知识发现是从数据中识别有效的、新颖的、潜在有用的、最终可理解模式的一个复杂过程,是一个循环反复的过程,每一个步骤如果没有达到预期目标,都需要回到前一步骤,重新调整并执行,但不是每个知识发现的步骤都必须执行。例如,当某个知识发现工作中不存在多个数据源时,步骤2便可以省略。步骤1~4是数据预处理的不同形式,为挖掘准备数据。数据挖掘步骤可以与用户或知识库交互,从而将有意义的模式提供给用户,或作为新的知识存放在知识库中。

数据挖掘的基本任务可以分为预测性(predictive)任务和描述性(descriptive)任务两大类。① 预测性任务通过对当前数据进行归纳做出预测,这类任务的目标是根据其他属性的值来预测特定属性的值。其中,被预测的属性一般称为目标变量(target variable)或因变量(dependent variable),而用来做预测的属性称为解释变量(explanatory variable)或自变量(independent variable)。② 描述性任务刻画目标数据的一般性质,这类任务的目标是概括出数据内部潜在联系的模式(相关、趋势、聚类、轨迹和异常)。本质上,描述性任务通常是探索性的,并且常常需要后处理技术验证和结果解释。从数据挖掘的功能性来看,数据挖掘的任务包括预测建模、分类、聚类分析、关联规则、异常值检测等。

数据挖掘包括如下方面特点:① 基于大量数据,数据是有一定规模要求的;② 非平凡性,指的是挖掘出来的知识应该是独特的;③ 隐含性,发现深藏在数据内部的知识;④ 新奇性,挖掘出来的知识应该是以前未知的;⑤ 价值性,挖掘的结果必须能给企业带来直接的或间接的效益。此外,通常在实际应用中,会面临在数据分析和数据挖掘有什么区别这样的问题。数据挖掘基于数据,其模型与算法以人工智能为主,重在归纳和发现,很少假设条件。数据统计分析基于统计模型,有严密的论证与推导,存在较强的假设,基本是基于正态分布、T分布、F分布等假设基础上构建的模型。从应用上看,数据分析主要是形成分析结论报告,而数据挖掘的输出主要是模型与算法和软件系统的结合,最终要实现基于代码的应用和部署。

4.4 数据挖掘流程

自数据挖掘产生以来,随着理论和实践领域专家的不断推进,从方法论的角度产生了一系列经典且得到广泛实践检验的数据挖掘过程模型,其中影响最大的是SEMMA和CRISP - DM这两个过程模型。

1. SEMMA 模型

SEMMA 是由 SAS 公司提出的数据挖掘商业应用的过程模型。它是 SAS 公司配合其数据挖掘软件 Enterprise Miner 提出对数据挖掘核心过程的一种描述,是 SAS 企业挖掘器中执行数据挖掘核心任务的功能工具集合的一个逻辑组织结构。SEMMA(见图 4 - 4)这 5 个字母分别代表 Sample(数据取样)、Explore(数据探索)、Modify(数据调整)、Model(数据建模)、Assess(评价)这 5 个环节。这 5 个环节可以按照顺序执行,在适当的情况下,各环节之间也可

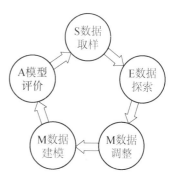

图 4 - 4　SEMMA 模型

以相互调整。

（1）数据取样。进行数据挖掘时，首先要从企业大量的数据中提取一个与需要探索问题相关的数据子集，而非使用全部数据。该过程类似于开采出来的矿石要先经过选矿流程。对数据样本进行精选，不仅可以减少数据处理量，节省系统开支，还可以使希望反映的规律更加凸显。常用的方法有：问卷调查、公开数据采集、数据库查询、实验室试验、仪器设备的记录。

（2）数据探索。数据探索即对数据特征进行探索、分析和预处理。在数据取样阶段，人们往往是带着对如何达到数据挖掘目的的先验认识进行操作的。人们在拿到了一个样本数据集后，首先需要进行如下探索：这个样本数据集是否达到了原来设想的要求；当中是否存在明显的规律和趋势；有没有出现从未设想过的数据状态；各因素之间有什么相关性；它们可以划分成哪些类等等。常用的探索方向有：离散变量的分布比例、连续变量的分布形态、数据的异常和缺失、特征选择。

（3）数据调整。通过上述两个环节的操作，人们对数据的状态和趋势会有进一步的了解，并会进一步明确所要解决的问题。问题越明确，就越接近问题的解决，这一点十分重要。因为原来的问题很可能是客户不满意、产品质量不好等模糊的问题，没有进一步明确问题，就难以进行有效的数据挖掘操作。常用的调整和修正方法有：数据类型的转换、数据的一致性处理、异常值和缺失值的处理、数据形态的转换。

（4）数据建模。这个环节是数据挖掘工作的核心环节。数据挖掘模型化工作涉及非常广阔的技术领域，到了这个环节，人们对数据挖掘应该采用的技术手段已经有了比较明确的方向。数据建模，侧重于未知事件的预测。常用的模型有，有监督的预测性模型（如回归、决策树、KNN 等），有监督的判别性模型（如 Logistic、贝叶斯、集成算法等），无监督模型（如 K-means 聚类、层次聚类、密度聚类等），半监督模型（如关联规则等）。

（5）模型评价。经过上述环节会得到一系列的分析结果、模式或模型。对于同一个数据源可以使用多种数据分析模型，本环节的目的之一就是从这些模型中找出一个最好的模型，此外就是要根据具体业务对模型进行解释和应用。如果能直接从模型中得出结论固然很好，但更多的时候得到的是对目标问题多侧面的描述。这时就需要将它们综合起来以提供合理的决策支持信息。这里所说的合理，实际上是指在所付出的代价和期望达到的目标间做出平衡的选择。这就意味着在数据挖掘的过程中，尽可能地对这些平衡的指标进行量化，以便进行综合抉择。常用的检验方法有：RMSE、混淆矩阵、ROC 曲线、KS 曲线。

案例 4-1 京东用户行为大数据挖掘

案例分享可扫码"案例 4-1 京东用户行为大数据挖掘"。

2. 跨行业数据挖掘标准过程模型

工程界经过长期经验对数据挖掘形成了一套标准流程即跨行业数据挖掘标准过程（Cross-Industry Standard Process for Data Mining，CRISP-DM），该模型是一种常用的知识发现工程模型，如图 4-5 所示。该模型于 1999 年在欧盟（European Commission）的资助下，由 SPSS、戴姆勒·克莱斯（Daimler Chrysler）、NCR 和 OHRA 公司发起成立的 CRISP-DM 特别兴趣小组（Special Interest Group，SIG）开发并提炼而成的，同时进行了大

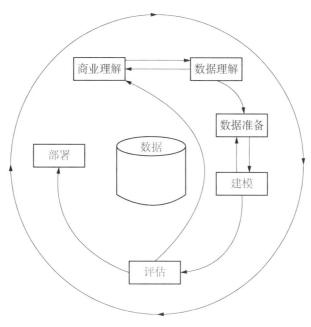

图 4 - 5　CRISP-DM 模型

规模数据挖掘项目的试用。CRISP-DM 模型是对数据挖掘生命周期全面的过程描述,该模型将一个知识发现工程分为 6 个不同的但顺序并非固定不变的阶段。

(1) 商业理解。商业理解(business understanding)阶段必须从商业的角度了解项目的要求和最终目标,并将这些目标与数据挖掘的定义以及结果结合起来。这一阶段的主要工作包括:确定商业目标,发现影响结果的重要因素,从商业角度描绘客户的首要目标,评估形势,查找所有的资源、局限、设想,在确定数据分析目标和项目方案时要考虑的其他各种因素,包括风险和意外、相关术语、成本和收益等,确定数据挖掘的目标,制定项目计划。

(2) 数据理解。数据理解(data understanding)阶段始于数据的收集,接下来是熟悉数据,具体包括:检测数据的数量,初步理解数据,探测数据中有趣的数据子集并形成对潜在信息的假设,收集原始数据,对数据进行装载、描绘,探索数据的特征并进行特征统计,检验数据的完整性和正确性,填补数据中的缺失值等。

(3) 数据准备。数据准备(data preparation)阶段涵盖了从原始数据中构建最终数据集的全部工作。数据准备工作有可能实施多次,而且并没有预先规定实施顺序。该阶段的主要任务包括制表、记录、数据变量的选择和转换、数据清理等。根据与数据挖掘目标的相关性、数据的质量以及技术的限制,选择分析使用的数据,并进一步对数据进行清理和转换,构造衍生变量,整合数据并根据工具的要求格式化数据。

(4) 建模。在建模(modeling)阶段中各种建模方法将被选择和使用,通过建造和评估模型将其参数校准为最理想的值。对于同一类数据挖掘的问题通常可以采用多种方法,如果要使用多种方法,那么在这一任务中对于每一种要使用的方法都要分别对待。由于一些建模方法对数据的形式有具体的要求,因此在这一阶段,必要时还要重新回到数据准备阶段执行某些任务。

（5）评估。到达评估（evaluation）阶段时，已经建立了一个或多个高质量的模型，但在部署最终的模型之前，需要更加彻底地评估所建立的模型，对建模过程中所执行的每一个步骤进行回顾是非常重要的，这有助于判断这些模型是否达到了企业的目标。一个关键的评估指标是判断是否仍然有一些重要的企业问题还没有得到充分的关注和考虑。在这一阶段结束时，各方必须就有关数据挖掘结果的使用达成一致的意见。

（6）部署。部署（deployment）即将所发现的结果以及过程组织为可读文本的形式。建模并非项目的最终目的，尽管建模是为了增加关于数据的信息，但这些信息需要以某种客户能够使用的方式来组织和呈现。根据不同的需求，部署阶段可以仅仅像写一份报告那样简单，也可以像在企业中进行可重复的数据挖掘程序那样复杂。在多数情况下，往往是客户而非数据分析师来执行部署阶段。对客户而言，预先了解需要执行的活动从而正确使用已经构建好的模型非常重要。上述 6 个阶段的顺序并不是固定不变的，在不同业务背景中可以有不同的流转顺序，如图 4 - 5 所示。但商业理解是数据挖掘过程的第一环节。图 4 - 5 中的外圈象征着数据挖掘自身的循环特性，数据挖掘的过程可以不断地循环和优化，后续过程可以从前面的过程中得到借鉴和启发。CRISP-DM 模型如今已经成为事实上的行业标准，根据有关调查，50％以上的数据挖掘工具采用的是 CRISP-DM 模型的数据挖掘过程。

习 题

1. 简述数据挖掘概念。
2. 数据中心趋势度量指标包括哪些？
3. 数据散布测量度量指标包括哪些？
4. 简述数据预处理的基本方法。
5. 数据归约包括哪些方面？
6. 数据变换包括哪些内容？
7. 知识发现过程包含哪几个步骤？
8. 简述数据挖掘流程 SEMMA 和 CRISP-DM 模型。

第 5 章

关联分析

本章知识点

（1）掌握关联规则的定义。

（2）理解关联规则的相关概念：项集、支持度、频繁项、频繁项集、置信度、提升度。

（3）掌握关联规则挖掘的步骤。

（4）掌握关联规则的评价指标与方法。

（5）理解关联规则挖掘算法：Apriori 算法和 FP-Growth 算法。

（6）了解关联规则的应用场景。

大数据时代，社会各行各业每天都在产生着大量的数据。通过对这些数据进行有效的挖掘，能够促进企业进行更好更精准的定位与发展。同时，通过数据挖掘能够帮助企业更精准地了解客户，帮助企业制定更符合客户需求的运营策略，提升用户的满意度和忠诚度。

关联分析，又称购物篮分析，是数据挖掘经典方法之一。超市、商场的收款机收集和存储了大量的销售数据，这些数据记录了事务的处理时间、顾客购买的商品以及相关的数量和金额等信息。通过关联分析，可以从大规模的售货记录中寻找商品之间隐含的关联关系。线下零售商可借此改变货架上的商品排列或是设计，从而构建吸引客户的组合促销套餐等；线上电商可以用来进行商品推荐。沃尔玛超市将啤酒和尿片组合排列进行销售，就是关联分析的一个典型案例。

沃尔玛超市的管理人员在进行销售数据分析时，发现了一个令人难于理解的现象：在一些特定的情况下，"啤酒"与"尿布"两件看上去毫不相关的商品经常会出现在同一个购物篮中，这种独特的销售现象引起了管理人员的注意，经过后续调查发现，这种现象多出现在年轻的父亲身上。

这种现象发生的原因在于，在美国有婴儿的家庭中，一般是母亲在家中照看婴儿，年轻的父亲前去超市购买尿布。父亲在购买尿布的同时，往往会顺便为自己购买啤酒，这样就出现了啤酒与尿布两件似乎毫不相关的商品经常出现在同一购物篮的现象。如果这个年轻的父亲在卖场只能买到两件商品之一，则他很有可能会放弃购物而选择去另一家商店，直到可以一次同时买到啤酒与尿布为止。沃尔玛超市的管理人员发现了这一独特的现象,于是开始在超市尝试将啤酒与尿布摆放在相同的区域,既可以让年轻的父亲同时找到这两件商品,并很快地完成购物,也可以让这些客户一次购买两件商品而不是一件,从而获得了更多的商品销售收入。

5.1 基本概念

关联规则的概念最早是由阿格拉瓦尔(Agrawal)、Imielinski 和斯瓦米(Swami)提出(1993 年)的,其主要研究目的是分析超市顾客购买行为的规律,发现连带购买商品,为制定合理的方便顾客选取的货架摆放方案提供依据。关联规则反映一个事物与其他事物之间的相互依存性和关联性,用于从大量数据中挖掘出有价值的数据项之间的相关关系,可从数据中分析出形如"由于某些事件的发生而引起另外一些事件的发生"之类的规则。

根据韩家炜等的观点,可以将关联规则定义为:假设 $I = \{I_1, I_2, \cdots, I_m\}$ 为项的集合,也称为项集,给定一个交易数据库 D,其中每个事务 T(Transaction,表示一条交易)是 I 的非空子集,每一个事务 T 都采用一个唯一的事务标识 TID(Transaction ID)进行标识。一个关联规则 $X \rightarrow Y$ 在 D 中的支持度(support)是同时包含关联规则的 X 和 Y 项的事务在 D 中的百分比;置信度(confidence)是 D 中事务在已经包含 X 的情况下,包含 Y 的百分比。如果满足最小支持度阈值和最小置信度阈值,则认为关联规则是有趣的。阈值设定可根据挖掘需要进行人为设定。

表 5-1 是一个具有 5 条交易记录的数据集,其中每条交易记录就是一个事务,每个事务具有一个唯一的标志符 TID。下面将利用该数据对关联规则涉及的基本概念进行阐述:

表 5-1 购物篮数据集合

TID	项　集
1	〈面包,牛奶〉
2	〈面包,尿布,啤酒,咖啡〉
3	〈牛奶,尿布,啤酒,可乐〉
4	〈牛奶,面包,尿布,啤酒〉
5	〈牛奶,面包,尿布,可乐〉

(1) 关联规则(association rule):关联规则是形如 $A \rightarrow B$ 蕴含的表达式,其中 A 和 B 是不相交的项集,A 称为规则的前件(antecedent),而 B 称为规则的后件(consequent)。如〈牛奶,尿布〉→〈啤酒〉。

(2) 项集(itemset):包含 0 个或多个项的集合,如〈牛奶〉构成一个一项集,〈牛奶,尿布,面包〉构成一个三项集。

(3) 支持度计数(support count, SC):包含特定项集的事务个数,如在表 5-1 中,〈牛奶,尿布,啤酒〉构成的项集,包含该项集的事务有 TID 为 3 和 4 的两个事务,因此,项集〈牛奶,尿布,啤酒〉的支持度计数为:SC(牛奶,尿布,啤酒)=2。

(4) 支持度(support):包含项集的事务数与总事务数的比值,支持度的计算公式为

$$\text{support}(XY) = \frac{\text{number}(XY)}{\text{num}(\text{All Samples})} \qquad (5-1)$$

如表 5-1 中,项集{牛奶,尿布,啤酒}出现在了 2 个事务中,而数据集中的总事务数为 5,因此项集{牛奶,尿布,啤酒}的支持度为

$$\text{Support}(牛奶,尿布,啤酒) = \frac{SC(牛奶,尿布,啤酒)}{|T|} = \frac{2}{5} = 0.4$$

(5)频繁项:在多个事务中频繁出现的项就是频繁项。

(6)频繁项集(frequent itemset):假设有一系列的事务,将这些事务中同时出现的频繁项组成一个子集,且子集满足最小支持度阈值,这个集合称为频繁项集。假设最小支持度为 0.2,在表 5-1 中由于项集{牛奶,尿布,啤酒}的支持度为 0.4,因此,项集{牛奶,尿布,啤酒}为频繁项集。

(7)置信度(confidence):项集 A 出现后,另一项集 B 出现的概率,或者说两个项集的条件概率,置信度的计算公式为

$$\text{confidence}(A \to B) = P(B \mid A) = P(AB)/P(A) \qquad (5-2)$$

如在表 5-1 中关联规则尿布→啤酒的置信度为啤酒和尿布的条件概率

$$\text{confidence}(尿布 \to 啤酒) = \frac{SC(啤酒,尿布)}{|T|} / \frac{SC(尿布)}{|T|} = \frac{3}{5} \div \frac{4}{5} = \frac{3}{4}$$

(8)提升度(lift):表示在含有 A 的条件下,同时含有 B 的概率,与 B 总体发生的概率之比,提升度的计算公式为

$$\text{lift}(A \to B) = P(A \mid B)/P(B) = \text{confidence}(A \to B)/P(B)。 \qquad (5-3)$$

如在表 5-1 中关联规则尿布→啤酒的提升度为

$$\text{lift}(尿布 \to 啤酒) = \frac{\text{confidence}(尿布 \to 啤酒)}{|T|} / \frac{SC(啤酒)}{|T|} = \frac{3}{4} \div \frac{3}{5} = 1.25$$

(9)关联规则的强度度量:

① 支持度,确定项集的频繁程度,表示项集的重要程度。

② 置信度,确定 B 在包含 A 的事务中出现的频繁程度,表示关系的可信程度。

③ 提升度表示在含有 A 的条件下,同时含有 B 的概率与只有 B 发生的概率之比。规则的提升度的意义在于度量项集{A}和项集{B}的独立性,即 $\text{Lift}(A \to B) = 1$,{A}、{B} 相互独立。若 $\text{Lift}(A \to B) = 1$,说明项集 A 与项集 B 是独立的;若 $\text{Lift}(A \to B) < 1$,说明项集 A 与项集 B 是互斥的;若 $\text{Lift}(A \to B) > 1$,说明项集 A 与项集 B 是强项关联。

一般在数据挖掘中,当提升度大于 3 时,才承认数据挖掘的关联是有价值的。

5.2　关联规则的挖掘

关联规则挖掘的过程主要包含两个阶段:第一阶段从资料集合中找出所有的频繁项

集,即项集的支持度均大于等于最小支持度阈值;第二阶段从频繁项中产生关联规则。

关联规则挖掘的第一阶段必须从原始资料集合中找出所有的频繁项集,即某一项集出现的频率相对于所有记录而言,必须达到某一水平。以一个包含 A 与 B 两个项的 2-itemset 为例,可以求得包含 $\{A,B\}$ 项集的支持度,若支持度大于等于所设定的最小支持度阈值时,则 $\{A,B\}$ 称为 2-项频繁项集。若满足最小支持度的为 k-itemset,则称为 k-频繁项集(frequent k-itemset),一般表示为 Large k 或 Frequent k。接下来,算法从 Large k 的项组中再产生 Large $(k+1)$,直到无法再找到更长的频繁项集为止。

关联规则挖掘的第二阶段是要从频繁项集产生关联规则(association rules),是利用第一阶段产生的频繁项集来产生规则,在最小置信度(minimum confidence)的条件下,若某一规则所求得的置信度满足最小置信度要求,称此规则为关联规则。例如:经由频繁 k-itemset$\{A,B\}$ 所产生的规则 $A \rightarrow B$,求得其置信度,若置信度大于等于最小置信度,则称 $A \rightarrow B$ 为关联规则。

例如,利用表 5-1 中的数据,计算 $\{$牛奶,尿布$\} \rightarrow \{$啤酒$\}$ 关联规则的强度公式为

$$\text{support}(\text{牛奶},\text{尿布},\text{啤酒}) = \frac{SC(\text{牛奶},\text{尿布},\text{啤酒})}{|T|} = \frac{2}{5} = 0.4 \quad (5-4)$$

$$\text{confidence}(\text{牛奶},\text{尿布},\text{啤酒}) = \frac{SC(\text{牛奶},\text{尿布},\text{啤酒})}{SC(\text{牛奶},\text{尿布})} = \frac{2}{3} = 0.67 \quad (5-5)$$

假设最小支持度阈值为 0.2,最小置信度阈值为 0.5,则关联规则 $\{$牛奶,尿布$\} \rightarrow \{$啤酒$\}$ 的支持度和置信度均大于其对应的最小阈值,此关联规则就是一条有效的关联规则。

在对大数据进行关联规则挖掘时,由于挖掘的数据集规模较大,所获取的频繁项集的出现次数往往难以达到一个较高的频次。因此,在进行大数据的关联规则挖掘时,支持度的最小阈值通常可设置为 0.05~0.1。为了保证所获取的关联规则的可信性,置信度的最小阈值往往可以设定得较高,如 0.7~0.9,从而将可信程度较低的或者无意义的关联规则剔除,这是获取一个有效的关联规则的重要步骤。

5.3 关联分析的常用算法

关联规则挖掘算法就是从事务数据库、关系数据库或其他信息存储的大量数据的项集之间发现频繁出现的模式、关联和相关性。典型的关联分析的算法包括 Apriori 算法、频繁模式增长树(Frequent pattern Growth, FP-Growth)算法、FreeSpan 算法及 prefixspan 算法等。本节将对 Apriori 算法和 FP-Growth 算法进行阐述。

5.3.1 Apriori 算法

1994 年 Agrawal 等人提出了著名的 Apriori 算法。作为一款经典的挖掘关联规则的算法,Apriori 算法被广泛应用于各种领域,通过对数据的关联性进行分析和挖掘,为决策的制定提供重要的有参考价值的信息。

1. Apriori 算法原理

算法的基本思想:先确定候选的所有可能项(即 1 项集)以及相应的支持度,识别并保留

所有高于支持度的 1 项集,得到频繁 1 项集。然后,对剩下的频繁 1 项集进行连接,得到候选的频繁 2 项集,再次识别并保留高于支持度的候选频繁 2 项集,得到真正的频繁 2 项集,以此类推,进行迭代,直到无法找到频繁 $k+1$ 项集为止,对应的频繁 k 项集的集合即为算法的输出结果。然后,再利用找到的频繁项集与预先设定的最小置信度的阈值生成强关联规则。

算法的目标:找到最大的 k-项频繁集。首先,要找到符合支持度标准的频繁集,但是满足条件的频繁集可能有很多。因此,接下来要找到最大个数的频繁集。比如找到符合支持度的频繁集 AB 和 ABE,那么一般会抛弃 AB,只保留 ABE,因为 AB 是 2-项频繁集,而 ABE 是 3-项频繁集。

算法的性质:如果一个项集是频繁的,则它的所有子集也一定是频繁的;反之,如果一个项集是非频繁的,则它的所有超集也一定是非频繁的。基于该性质,一旦发现某项集是非频繁的,即可将整个包含该项的超集剪枝。这种基于支持度度量修剪指数搜索空间的策略称为基于支持度的剪枝。

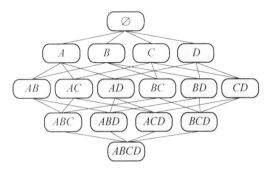

图 5-1 Apriori 算法原理

如图 5-1 所示,若 D 为非频繁项集,则颜色加深部分就是被剪枝的超集,也就是非频繁项集。

2. Apriori 算法具体步骤

(1)扫描数据库,生成候选 1-项集和频繁 1-项集;

(2)由频繁 1-项集生成频繁 2-项集。首先,将频繁 1-项集两两组合,通过判断组合的 2-项集是否有对应的事务存在,判定其是否可以连接,若可以连接则生成候选 2-项集,若不存在候选项集则转到第 4 步。接下来,扫描数据库,计算前一步中过滤后的 2-项集的支持度,舍弃小于最小支持度阈值的项集,生成频繁 2-项集。

(3)若当前的频繁项集中只有一个频繁项集,则转到第 4 步。否则,返回到第 2 步,通过循环进行 k-项集的构建,并对 k-项集是否为频繁项集进行判定。

(4)频繁项集的构建结束。商品信息如表 5-2 所示。

表 5-2 商品信息表

TID	面包	牛奶	鸡蛋	啤酒	尿布
T001	1	1	0	0	1
T002	0	1	0	1	0
T003	0	1	1	0	0
T004	1	1	0	1	0
T005	1	0	1	0	0
T006	0	1	1	0	0
T007	1	0	1	0	0
T008	1	1	1	0	1
T009	1	1	1	0	0

首先,通过第1次迭代,扫描所有的事务,对每个项进行计数得到候选项集,得到如表5-3所示的结果。

表5-3 第一遍扫描结果

项集	支持度计数	支持度
面包	6	0.667
牛奶	7	0.778
鸡蛋	6	0.667
啤酒	2	0.222
尿布	2	0.222

通过对支持度的阈值进行比较,剔除小于支持度阈值的项集,在本例中所有项集的支持度都超过了最小支持度阈值。

然后,进行第2次迭代,目的是得出频繁2-项集,所以要使用连接来产生候选项集2-项集,统计每个项集的频次并计算支持度,结果如表5-4所示。

表5-4 所有2-项集

项集	支持度计数	支持度
面包,牛奶	4	0.444
面包,鸡蛋	4	0.444
面包,啤酒	1	0.111
面包,尿布	2	0.222
牛奶,鸡蛋	4	0.444
牛奶,啤酒	2	0.222
牛奶,尿布	2	0.222
鸡蛋,啤酒	0	0
鸡蛋,尿布	1	0.111
啤酒,尿布	0	0

将支持度小于阈值0.2的全部剔除,得出频繁2-项集,如表5-5所示。

表5-5 频繁2-项集

项集	支持度计数	支持度
面包,牛奶	4	0.444
面包,鸡蛋	4	0.444
面包,尿布	2	0.222
牛奶,鸡蛋	4	0.444
牛奶,啤酒	2	0.222
牛奶,尿布	2	0.222

接下来,对表5-5进行第3次迭代得出候选项集3-项集,统计每个项集的频次并计

算支持度,将支持度小于阈值的项集剔除,得出频繁 3-项集,如表 5-6 所示。

表 5-6 频繁 3-项集

项集	支持度计数	支持度
面包,牛奶,鸡蛋	2	0.222
面包,牛奶,尿布	2	0.222

最后,进行第 4 次迭代,通过表 5-6 得到⟨面包,牛奶,鸡蛋,尿布⟩的 4-项集,由于项集中的⟨牛奶,鸡蛋,尿布⟩不属于表 5-6 中的频繁 3-项集,所以可以剪掉,即不存在频繁 4 项集,算法到此结束,得出了所有的频繁项集。

为获取关联规则,假设最小置信度阈值为 0.6。然后,计算由频繁项集生成的关联规则的置信度,从而由频繁项集产生强关联规则。部分关联规则的结果如表 5-7 所示。

表 5-7 部分关联规则

关联规则	支持度	置信度
面包,牛奶→鸡蛋	0.222	0.333
面包,牛奶→尿布	0.222	1
面包,鸡蛋→牛奶	0.222	0.286
面包→鸡蛋	0.444	0.667
面包→牛奶	0.444	0.571
面包,牛奶→尿布	0.222	1
面包,尿布→牛奶	0.222	0.286
面包→尿布	0.222	1
牛奶→尿布	0.222	1
尿布→牛奶	0.222	0.286

通过与最小置信度比较寻找强关联规则,表 5-7 中不小于最小置信度的强关联规则有 5 条。

3. Apriori 算法的代码实现

1) 生成频繁项集

算法 1　频繁项集获取代码

输入:事务数据库 D;最小支持度阈值。
输出:D 中的频繁项集 L。
1. L_1 = find_frequent_1_itemsets(D); //找出频繁 1-项集的集合 L_1
2. for(k = 2; Lk−1 ≠ ∅; k++) {　//产生候选,并剪枝
3. 　　C_k = aproiri_gen(L_{k-1}, min_sup); //根据频繁(k−1)-项集产生候选 k-项集
4. 　　　for each transaction t∈D{ //扫描 D,进行候选计数
5. 　　　　C_t = subset(C_k, t); //得到 t 的子集
6. 　　　　　for each candidate c∈C_t

7.	c. count＋＋；//支持度计数
8.	}
9.	L_k＝{c∈C_k	c. count ＞＝min_sup} //返回候选项集中不小于最小支持度的项集
10.	}
11.	return L ＝ ∪L_k；//所有的频繁集

2）由频繁项集生成关联规则

算法 2　关联规则生产代码

输入：频繁项集（L_k），最小支持度阈值（min_sup）和最小置信度阈值（min_conf）
输出：强关联规则。
1. Procedure GenAssociationRule（L_k，min_conf）
2. {for each frequent i_itemset li of L_k do { //对于 L_k 集合中的每一个 i－项集 li
3. 　if l_i is not l_itemset then { //若 l_i 不是 1－项集
4. 　SubItems ＝GenSubItemSet（L_k）；　//按照项数递增方式生成 L_k 的所有子集，并入库
5. 　AR_gen ＝AssociationRule（L_k，min_conf）；//产生强关联规则，并入规则库
6. 　Show_AR ＝ShowAssociationRule（）；//显示强关联规则
7. 　}
8. }

3．Apriori 算法的优缺点

Apriori 算法采用逐层搜索的迭代的方法，通过候选项集生成和向下封闭检测两个阶段来挖掘频繁项集。算法简单明了，没有复杂的理论推导，易于实现。但其自身也具有难以克服的缺点：① 对数据库的扫描次数过多；② Apriori 算法会产生大量的中间项集；③ 采用唯一支持度；④ 算法的适应面窄。

5.3.2　FP-Growth 算法

Apriori 算法是一个采用候选消除的算法，每一次消除都需要扫描一次所有数据记录，这导致该算法在面临大数据集时效率低下。为了解决该问题，一个新的关联规则挖掘算法 FP-Growth 被提出。

1．FP-Growth 算法原理

FP-Growth 算法的基本思路：把数据集中的事务映射到一棵 FP-tree 上面，再根据这棵树找出频繁项集。FP-Growth 算法被用于挖掘频繁项集，将数据集存储为 FP 树的数据结构，以更高效地发现频繁项集或频繁项对。相比于 Apriori 算法对每个潜在的频繁项集都扫描数据集，判定是否满足支持度，FP-Growth 算法只需要对数据库进行两次遍历，就可以高效发现频繁项集，因此，它在大数据集上的速度要优于 Apriori 算法。

频繁模式树（Frequent Pattern tree，FP-tree）通过链接来连接相似元素，被连起来的元素可以看成是一个链表。将事务数据表中的各个事务对应的数据项按照支持度排序后，把每个事务中的数据项按降序依次插入到一棵以 NULL 为根节点的树中，同时在每个结点处记录该结点出现的支持度。

2. FP-Growth 算法步骤

FP-Growth 算法的步骤,大体上可以分成两步:FP-tree 的构建;在 FP-Tree 上挖掘频繁项集。具体步骤如下:

(1) 扫描第一遍数据库,找出频繁项。

(2) 将记录(事务)按照频繁项集的支持度由大到小顺序重新排列。

(3) 扫描第二遍数据库,产生 FP-tree。

(4) 从 FP-tree 挖掘得到频繁项集。

3. FP-growth 算法的代码实现

1) 构造 FP-树

算法 3　FP-树构造算法

1.　输入:事务数据集 D,最小支持度阈值 min_sup

2.　输出:FP-tree

3.　扫描事务数据集 D 一次,获得频繁项的集合 F 和其中每个频繁项的支持度。对 F 中的所有频繁项按其支持度进行降序排序,结果为频繁项表 L。

4.　创建一个 FP-tree 的根节点 T,标记为"null";

5.　for each transaction t∈D{//扫描 D

6.　　对 t 中的所有频繁项按照 L 中的次序排序;

7.　　对排序后的频繁项表以[p|P]格式表示,其中 p 是第一个元素,而 P 是频繁项表中除去 p 后剩余元素组成的项表;

8.　　调用函数 insert_tree([p|P], T);

9.　}

10.　insert_tree([p|P], root)

11.　{ if　root 有孩子节点 N and N. item—name=p. item—name then

12.　　　N. count++;

13.　　Else

14.　　　{ 创建新节点 N;

15.　　　N. item—name=p. item—name;

16.　　　N. count++;

17.　　　p. parent=root;

18.　　　将 N. node—link 指向树中与它同项目名的节点;

19.　　　}

20.　　If P≠∅ then{

21.　　　把 P 的第一项目赋值给 p,并把它从 P 中删除;

22.　　　递归调用 insert_tree([p|P], N);}

23.　}

---

2) 利用 FP-树挖掘频繁模式

算法 4　FP-树挖掘频繁模式算法

1.　输入:已经构造好的 FP-tree,项集 A(初值为空),最小支持度 min_sup;

2.　输出:事务数据集 D 中的频繁项集 L;

3.　Procedure FP_growth(Tree, A)

4.　{ if Tree 含单个路径 P then{

5.　　for 路径 P 中结点的每个组合(记作 B)

6.	产生模式 B∪A,其支持度 support ＝B 中结点的最小支持度;
7.	else //包含多个路径
8.	for each a_i 在 Tree 的头部
9.	{ 产生一个模式 B＝ a_i∪A,其支持度 support ＝ a_i. support;
10.	构造 B 的条件模式基,然后构造 B 的条件 FP-树 $Tree_B$;
11.	if $Tree_B ≠ ∅$ then
12.	递归调用 FP_growth ($Tree_B$, B);
13.	}
14.	}
15.	}

5.4 关联规则的评价

在数据挖掘中,会产生大量的强关联规则(即满足最小支持度阈值和最小置信度阈值的规则)。但是,其中很大一部分规则用户可能并不感兴趣,因此就需要识别哪些强关联规则才是用户真正有兴趣的信息。

5.4.1 客观标准

通过统计论据可以建立客观度量的标准,其中涉及相互独立的项或覆盖少量事务的模式被认为是不令人感兴趣的,因为其可能反映数据中的伪联系。

利用客观统计论据评价模式时,一般通过计算模式的客观兴趣度来度量,而这样的度量一般是基于相依表(contingency table)得到,下表是对二元变量 A、B 的相依表,用 $\overline{A}$ 和 $\overline{B}$ 分别表示 A 和 B 不出现在事务记录中, f_{ij} 代表一个频度的计数,如表 5 - 8 所示。

表 5 - 8 相依表

	B	$\overline{B}$	
A	f_{11}	f_{10}	f_{1+}
$\overline{A}$	f_{01}	f_{00}	f_{0+}
	f_{+1}	f_{+0}	N

表 5 - 8 中: f_{11} 表示 A 和 B 均出现在事务记录中的次数; f_{10} 表示 A 出现, B 未出现在事务记录中的次数; f_{01} 表示 B 出现, A 未出现在事务记录中的次数; f_{00} 表示 A 和 B 均未出现在事务记录中的次数; f_{1+} 表示 A 出现在事务记录中的次数; f_{0+} 表示 A 未出现在事务记录中的次数; f_{+1} 表示 B 出现在事务记录中的次数; f_{+0} 表示 B 未出现在事务记录中的次数; N 表示事务记录的总数。

常见的评价方法有以下几种:

1. 提升度与兴趣因子进行度量

由于置信度忽略了规则的后件中出现的项集的支持度,在采用高置信度的规则作为强关联规则时可能出现误导。因此,利用规则的置信度与规则后件的支持度的比率构建的提升度(Lift)进行度量。

$$\text{Lift}(A \rightarrow B) = \frac{c(A \rightarrow B)}{s(B)} \tag{5-6}$$

对于二元变量,提升度等价于兴趣因子(interest factor),定义如公式

$$I(A, B) = \frac{s(A, B)}{s(A) \times s(B)} = \frac{N f_{11}}{f_{1+} f_{+1}} \tag{5-7}$$

兴趣因子比较的是模式的频率与统计独立假定下计算的基线频率,对于相互独立的两个变量,基线频率定义如公式

$$\frac{f_{11}}{N} = \frac{f_{1+}}{N} \frac{f_{+1}}{N} \text{ 或 } f_{11} = \frac{f_{1+} f_{+1}}{N} \tag{5-8}$$

该度量可以解释如下

$$I(A, B) \begin{cases} =1, \text{说明 } A \text{ 与 } B \text{ 是相互独立的,} \\ >1, \text{说明 } A \text{ 与 } B \text{ 是正相关的,} \\ <1, \text{说明 } A \text{ 与 } B \text{ 是负相关的。} \end{cases} \tag{5-9}$$

兴趣因子的局限性:当规则的置信度与规则后件支持度数值大小相近时,因为比率的形式掩盖了分子、分母本身的数值大小,提升度就不足以说明问题。尤其是当后件的支持度本身很小时,如果再除以后件的支持度,相当于乘了一个很大的数,会让兴趣因子很模糊。

2. 相关分析进行度量

相关分析是一种基于统计学的技术,对于连续型变量,相关度可以采用皮尔森相关系数表示。对于二元变量,相关度可以用 $\varnothing$ 系数度量,即

$$\varnothing = \frac{f_{11} f_{00} - f_{01} f_{10}}{\sqrt{f_{1+} f_{+1} f_{0+} f_{+0}}} \tag{5-10}$$

相关度的值从 -1(完全负相关)到 $+1$(完全正相关),如果变量是相互独立的,那么相关度为 0。如果变量是正相关,相关度大于 0,同理,如果变量负相关,相关度小于 0。

相关分析进行度量的局限性:相关分析中把事务记录中项的出现与不出现视为同等重要,因此相关分析更适合于分析对称的二元变量。

3. IS 度量

IS 度量用于处理非对称二元变量,其定义为

$$\text{IS}(A, B) = \sqrt{I(A, B) \times s(A, B)} = \frac{s(A, B)}{\sqrt{s(A)s(B)}} \tag{5-11}$$

从该定义式中可看出,当规则的兴趣因子与支持度都很大时,度量值就很大。在分析兴趣因子时,其局限性是比率的形式掩盖了分子、分母本身数值的大小,而在 IS 度量中则

考虑到了规则的支持度,这在一定程度上弥补了兴趣因子的不足之处。

IS 度量中存在的局限性:即使是不相关或者负相关的规则,也能得到较大的 IS 度量值。

5.4.2　主观标准

通过主观论据可以建立主观度量的标准。如果一个规则不能揭示料想不到的信息或提供导致有益的行动的有用信息,则主观认为该规则是无趣的。在评估关联规则时,将主观信息加入规则的评价中是一件比较困难的事情,因为这需要来自相关领域专家的大量先验信息作为支持。

常见的将主观信息加入规则发现任务的方法有以下 3 种:

(1)可视化方法:将数据中蕴含的信息通过数据可视化方法进行呈现,需要友好的环境,以及用户的参与,允许领域专家解释和检验发现的规则,只有符合观察到的信息的规则才被认为是有趣的。

(2)基于模板的方法:该方法通过限制提取的规则类型,只有满足指定模板的规则才被认为是有趣的并提供给用户,而不报告所有提取的所有规则。

(3)主观兴趣度量:该方法基于领域信息定义一些主观度量,例如:企业的利润,概念的分层等;利用主观度量来过滤显而易见和没有实际价值的规则。

5.5　关联规则应用

5.5.1　关联规则应用场景

关联规则作为数据挖掘中较为活跃的一种研究方法,被广泛应用于商务、医学、交通、军事等各个领域。在商务领域中,常见的关联规则应用场景如下。

1. 基于用户轨迹的精准营销

随着用户访问移动互联网的与日俱增,以及移动终端的大力发展,越来越多的用户选择使用移动终端访问网络,根据用户访问网络的偏好,形成了相当丰富的用户网络标签和画像等。如何根据用户的画像对用户进行精准营销成为许多互联网和非互联网企业新的发展方向。

根据商户位置及分类数据、用户标签画像数据提取用户标签和商户分类的关联关系,然后根据用户在某一段时间内的位置数据,判断用户是否进入该商户的范围内,确定对用户推送符合该用户画像的商户位置和其他优惠信息等。

2. 推荐搭配或交叉购买

通过对关联规则中的规则进行挖掘,然后设置用户有意要一起购买的捆绑包;也可以使用它们设置相应的交叉销售,也就是购买某种商品的顾客会看到相关的另外一种商品的广告。例如,穿衣搭配是服饰鞋包导购中的重要环节。基于搭配专家、达人生成的搭配组合数据,以及用户的行为数据,期待能够挖掘穿衣搭配模型,为用户提供个性化、优质的、专业的穿衣搭配方案,预测给定商品的搭配商品集合等。

3. 推荐营销方案

关联规则挖掘技术已经被广泛应用在金融行业企业中,它可以成功预测银行客户需求。一旦获得了这些信息,银行就可以改善自身营销。如各银行在自己的 ATM 机上就捆绑了顾客可能感兴趣的本行产品信息,供使用本行 ATM 机的用户了解。如果数据库中显示,某个高信用限额的客户更换了地址,这个客户很有可能新近购买了一栋更大的住宅,因此会有可能需要更高信用限额,更高端的新信用卡,或者需要一个住房改善贷款,这些产品都可以通过信用卡账单邮寄给客户。当客户打电话咨询的时候,数据库可以有力地帮助电话销售代表。销售代表的计算机屏幕上可以显示出客户的特点,同时也可以显示出顾客会对什么产品感兴趣。

5.5.2 关联规则应用案例

关联分析可以通过发现顾客在购物过程中购买商品的记录,发现商品之间的关联关系,从而对顾客的购买行为进行研究,来帮助超市或零售企业制定相应的营销策略。本节将使用 Apriori 关联规则算法实现关联分析,发现顾客在超市购买的不同商品之间的关联关系,并根据商品之间的关联规则制定销售策略。因此,案例的研究目标为:构建商品的 Apriori 关联规则模型,分析商品之间的关联性;根据构建的模型结果给出销售策略。

关联规则分析的步骤如下:

(1)对原始数据进行探索性分析,分析商品的热销情况与商品结构。

(2)对原始数据进行数据预处理,转换数据形式,使之符合 Apriori 关联规则算法进行数据挖掘的需求。

(3)采用 Apriori 关联规则算法调整模型的输入参数,完成商品的关联分析。

(4)对模型结果进行评估,并给出相应的销售策略。

1. 数据探索性分析

本节采用 Python 数据分析与挖掘实践中收集的顾客购物数据记录,部分商品数据和类型如表 5-9 和 5-10 所示。

表 5-9 部分购物记录

ID	货物	ID	货物	ID	货物	ID	货物
1	柑橘类水果	2	咖啡	4	奶油乳酪	5	炼乳
1	人造黄油	2	热带水果	4	肉泥	5	长面包
1	即食汤	2	酸奶	4	仁果类水果	5	其他蔬菜
1	半成品面包	3	全脂牛奶	4	酸奶	5	全脂牛奶

表 5-10 商品类型分类

货物	类型	货物	类型	货物	类型
白饭	熟食	半成品面包	西点	爆米花	零食
白酒	酒精饮料	包装袋	百货	本地蛋类	肉类
白兰地	酒精饮料	包装水果/蔬菜	果蔬	冰激凌	零食
白面包	西点	保鲜膜/袋	百货	布丁粉	米粮调料

首先,对数据中是否存在缺失值进行分析,发现数据集中未有缺失值;然后,通过对购物记录信息表与商品类型数据表进行分析,发现商品名为"保管产品"的商品没有在类型表中出现,因此,对改类型异常的商品进行了删除操作;最后,数据表中没有重复值数据,不需要进行去重处理。

2. 数据特征分析

通过对数据进行分析,整个数据集中共包含 9 835 条客户的购物记录,涉及的商品共计 43 285 件,共 168 种商品。通过对商品的销售数量进行统计,可以对商品热销情况进行分析,对销量排行前 10 的商品进行提取,如图 5-2 所示。

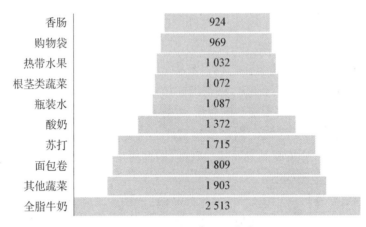

图 5-2 top10 商品销售量

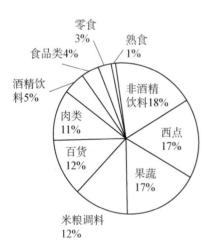

图 5-3 所有商品类型分析

从图 5-2 中可以发现热门的销售商品为全脂牛奶、其他蔬菜、面包卷、苏打、酸奶、瓶装水、根茎类蔬菜、热带水果、购物袋和香肠。从类型上看主要集中在非酒精饮料、果蔬、西点、食品类以及百货商品。接下来,对所有销售商品的类型就行统计分析。

从图 5-3 中可以看出:果蔬、西点、非酒精饮料这3 类商品的销量差距不大,占总销量的 50% 左右。按大类划分,其中,食品类销量总和接近 90%,说明在所有的商品中,顾客更倾向于购买食品类商品,其他商品并非销售主力。若客户(商家或超市)对某类商品的销售感兴趣,则可以进一步对某种类型中的商品销量进行分析。以西点类商品为例进行统计,西点类商品共计 7 192 件,西点类商品结构如图 5-4 所示。

通过图 5-4 中的西点类商品结构分析可以知道在西点商品中,面包卷、黑面包、奶油乳酪等商品销售量高,那么商场或超市在进行该类商品摆放时,就要注意这类商品的摆放位置。此外,由于这些商品的销售量比较大,也要注意保持适量的库存。

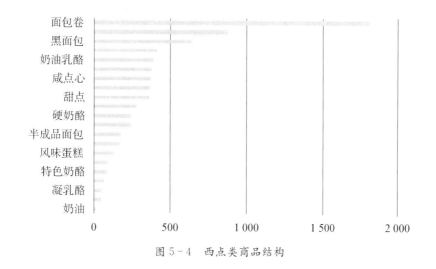

图 5 - 4 西点类商品结构

3. 数据预处理

在进行数据挖掘之前,数据预处理是一个重要的环节。通过对现有数据格式的转换,已达到能够采用 Apriori 进行数据挖掘的要求。图 5-5 给出了数据格式转换的示例。

id	Goods
1	柑橘类水果
1	人造黄油
1	即食汤
1	半成品面包
2	咖啡
2	热带水果
2	酸奶
3	全脂牛奶
4	奶油乳酪
4	肉泥

id	Goods
1	[柑橘类水果,人造黄油,即食汤,半成品面包]
2	[咖啡,热带水果,酸奶]
3	[全脂牛奶]
4	[奶油乳酪,肉泥,仁果类水果,酸奶]
5	炼乳,长面包,其他蔬菜,全脂牛奶
6	[腐蚀性清洁剂,黄油,白饭,全脂牛奶,酸奶,面包卷]
7	[瓶装啤酒]
8	[开胃酒,其他蔬菜,面包卷,超高温杀菌的牛奶]
9	[盆栽]
10	[谷物,全脂牛奶]

图 5 - 5 数据格式转换示例

其中左侧为原始数据,右侧为通过将相同 id 号的产品进行合并后的数据。在进行格式转换的过程中,需要根据实现 Apriori 算法时采用的编程语言不同做出相应的变化。在 Python 中需要将数据按照图 5-5 的格式进行转换,数据格式转换的代码如下。

算法5 数据格式转换代码

```
1.  order_data = pd. read_csv('data/GoodsOrder. csv',header=0,encoding='gbk')
2.  # 转换数据格式
3.  order_data['Goods'] = order_data['Goods']. apply(lambda x : ","+x)
4.  order_data = order_data. groupby('id'). sum(). reset_index()
5.  输出:[["柑橘类水果","人造黄油","即食汤","半成品面包"],["咖啡","热带水果","酸
    奶"],…]
```

4. 模型构建

本节采用 Apriori 算法实现关联规则的提取。模型实现步骤如下：

（1）设置建模参数的最小支持度与最小置信度，输入建模样本数据。按照业务经验与多次调整，这里选择最小支持度为 0.02，最小置信度为 0.35。

（2）采用 Apriori 关联规则算法对建模的样本数据进行分析，以模型参数设置的最小支持度、最小置信度作为条件，如果所有规则都不满足条件，则需要重新调整模型参数，否则输出关联规则结果。表 5-11 为获取的部分关联规则。

表 5-11 获取的部分关联规则

关联规则	支持度	置信度
水果/蔬菜汁→全脂牛奶	0.0266	0.3685
人造黄油→全脂牛奶	0.0242	0.4132
仁果类水果→全脂牛奶	0.0301	0.3978
牛肉→全脂牛奶	0.0213	0.4050
冷冻蔬菜→全脂牛奶	0.0204	0.4249
本地蛋类→其他蔬菜	0.0223	0.3510
黄油→其他蔬菜	0.0200	0.3615
本地蛋类→全脂牛奶	0.0300	0.4728
黑面包→全脂牛奶	0.0252	0.3887
糕点→全脂牛奶	0.0332	0.3737

以表 5-11 中获取的一条关联规则为例进行关联规则的说明，如：关联规则中的黑面包→全脂牛奶的支持度约为 2.52%，置信度约为 38.87%，说明购买黑面包后购买全脂牛奶这种商品的可信度达到 38.87%，而这种情况发生的可能性约为 2.52%。

通过对模型提取的关联规则进行分析，在该模型中顾客在购买其他商品的时候会同时购买全脂牛奶。因此，商场应该根据实际情况将全脂牛奶放在顾客购买商品的必经之路上，或是放在商场显眼的位置，以方便顾客拿取。同时，顾客同时购买其他蔬菜、根茎类蔬菜、酸奶油、猪肉、黄油、本地蛋类和多种水果的概率较高，因此商场可以考虑捆绑销售，或者适当调整商场布置，将这些商品的距离尽量拉近，从而提升顾客的购物体验。

习 题

1. 什么是关联分析？它有何作用？

2. 如何识别有趣的关联规则？

3. 什么是支持度和可信度？

4. 假设存在以下的频繁 3-项集的集合：{1,2,3}，{1,2,4}，{1,2,5}，{1,3,4}，{1,3,5}，{2,3,4}，{2,3,5}，{3,4,5}，假定数据集中仅有 1,2,3,4,5 等 5 个项。请列出采用合并策略产生的所有候选 4-项集。

5. 假设存在以下有 6 个交易,交易中包含项目 A、B、C、D 和 E 等 5 个项,寻找满足最小支持度为 0.5 的频繁项集?

TID	项集
T1	A,B,C
T2	A,C,D
T3	B,C
T4	A,D
T5	A,C,D
T6	A,C,D,E

6. 某地的一个超市,数据库中存储了去年一年的交易记录共计 100 000 条。通过对数据库的统计得出以下的结论:

{牙刷}在 35 000 笔交易记录中出现。

{牙膏}在 36 000 笔交易记录中出现。

{盐}在 30 000 笔交易记录中出现。

{啤酒}在 22 000 笔交易记录中出现。

{牙刷,牙膏}在 8 000 笔交易记录中出现。

{牙刷,盐}在 2 000 笔交易记录中出现。

{牙膏,盐}在 9 000 笔交易记录中出现。

{啤酒,盐}在 7 000 笔交易记录中出现。

{牙刷,盐,啤酒}在 6 000 笔交易记录中出现。

请回答以下问题:

上面项集的支持度是多少?

(1) 假设最小支持度为 0.05,哪些项集可以认为是频繁项集?

(2) {牙膏}→{盐}和{牙膏,啤酒}→{盐}的置信度分别是多少? 哪条规则更有趣?

(3) 当最小置信度为 0.3 时,哪些规则是有趣的? 这些规则中,哪些规则是最有用的?

第 6 章

分类分析

本章知识点

（1）掌握分类的定义和分类的建模过程。

（2）理解基础分类算法：决策树、贝叶斯分类器、最近邻分类器以及逻辑回归。

（3）掌握分类异常检测的概念以及分类的异常检测技术。

（4）了解高级分类方法：贝叶斯信念网络、后向传播神经网络、支持向量机、频繁模式和惰性学习。

    客户流失是很多行业都会遇到的一个问题，比如电信、银行、保险、零售等。因此，客户挽留是一个备受关注的问题。如需挽留住客户、避免客户流失，就需要对客户进行分类，寻找即将流失客户，从而对客户流失原因、客户满意度或忠诚度以及客户生命周期等相关问题进行深入而全面的分析，进而即时采取措施，挽留住即将流失的客户。例如：对客户的行为特征分析，了解客户是什么时候流失，以及客户是如何流失等问题，从而监控客户流失，实现客户流失预警和及时的客户关怀。

    电信行业以及银行企业较早地提出了客户关系管理、关系营销等营销管理模式，学术界和企业界也积极参与客户流失行为的相关研究。银行和零售行业等在多年的业务支持系统建设中，积累了大量的历史业务数据以及客户信息数据，这些数据通常涉及用户交易记录、银行接触频率、产品数量、活跃度、薪资收入水平、客户在行时间、客户单产品收益率、客户代缴费等各个方面，它们不仅是客户历史记录的呈现，同时还蕴含了客户的消费模式，客观上可通过挖掘这些数据背后隐含的数据价值，提高用户的黏性，帮助银行实现更好的客户管理。

    建立客户流失预测模型可以解决由于客户流失导致的银行份额减少、收入降低等问题，提高挽留成功率，降低用户的流失率，即可以降低挽留服务的成本，减少由于客户流失所带来的收入损失。通过对客户按照流失倾向评分，及时发现有流失可能性的客户，产生最可能流失客户的名单，再由银行通过一定的活动及政策，挽留住有流失征兆的客户，把损失降到最低。

6.1 基本概念

分类(classification):是一种有监督的学习过程,即训练集中记录的类别是已知的,分类过程是将每一条记录归到对应的类别之中。分类的目的是确定一个记录为某一个已知的类别。分类通过学习得到一个目标函数(target function)f,将每个属性集 x 映射到一个预定义类标号 y。目标函数也称为分类模型(classification model),分类模型的目的包含描述性建模和预测性建模两个方面。

描述性建模:分类模型作为解释性工具,用于区分不同类中的对象。例如:利用一个描述性模型对数据进行概括,并说明哪些特征确定了记录的类型。

预测性建模:分类模型用于预测未知类型记录的类标号。分类模型可以作为一个黑箱,当给定一条记录在属性集上的值时,自动为其赋予一个类标号。

分类技术一般用于预测和描述二元类型的数据集,而对于序数的分类,由于分类技术未考虑隐含在目标类中的序关系,因此分类技术不太有效。此外,形如超类与子类的关系等,也常被忽略。

分类模型一般采用一种学习算法进行确定,模型应能够很好地拟合输入数据中的属性集与类标号之间的关系,同时还要能够正确地预测新样本的类标号。分类的基本过程,一般通过两步实现(见图 6-1)。

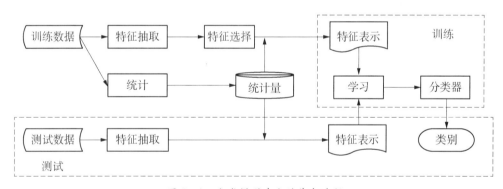

图 6-1 分类模型建立的基本过程

(1) 训练阶段,使用具有类标号的训练数据集,通过分析由属性描述的数据库元组来建立分类模型。

(2) 测试阶段,使用测试数据集来评估模型的分类准确率,如果认为可以接受,就可以用该模型对其他数据元组进行分类。一般来说,测试阶段的代价远低于训练阶段。

分类模型建好之后,一般通过模型能够对正确和错误的预测记录进行评估,这些数据存放在混淆矩阵(confusion matrix)中。如表 6-1 所示,描述了二元分类问题的混淆矩阵。

表 6-1 混淆矩阵

实际的类	预测的类	
	类=1	类=0
类=1	f_{11}	f_{10}
类=0	f_{01}	f_{00}

表中的 f_{ij} 表示实际类标号为 i，但被预测为类 j 的记录数量。例如：f_{11} 表示原本属于类 1，实际也被正确划分到类 1 的记录数量；f_{10} 则表示原本属于类 1，但是被错误划分到类 0 的记录的数量。按照混淆矩阵的表项，被正确预测的记录总数为 $f_{11}+f_{00}$，而被错误预测的记录总数为 $f_{10}+f_{01}$。

利用混淆矩阵中的数据可以构建准确率（accuracy）和错误率（error rate）对分类模型的性能进行评价。分类算法应着眼于寻找准确率高，或者是错误率低的模型。

$$准确率=\frac{正确预测数}{预测总数}=\frac{f_{11}+f_{00}}{f_{11}+f_{10}+f_{00}+f_{01}} \tag{6-1}$$

$$错误率=\frac{错误预测数}{预测总数}=\frac{f_{10}+f_{01}}{f_{11}+f_{10}+f_{00}+f_{01}} \tag{6-2}$$

6.2 基础分类算法

分类算法分为二分类算法和多分类算法。二分类算法表示分类标签只有两个分类，具有代表性的有支持向量机和梯度提升决策树等。多分类算法表示分类标签多于两个分类，比较常见的有逻辑回归、朴素贝叶斯、决策树等。本节将介绍几种常用的分类方法：决策树分类器、朴素贝叶斯分类器、最近邻分类器以及逻辑回归。

6.2.1 决策树分类器

决策树是一种常用的分类算法，它是一种树形结构，由决策点、分支和叶节点组成。其中，每个内部节点表示一个属性上的测试，每个分支代表一个测试的输出，每个叶节点代表一种类别。对一个新的记录进行分类时，只需要沿决策树从上到下，在每个分支节点进行测试，沿着相应的分支递归地进入子树再测试，一直到达叶节点，该叶节点所代表的类别即为当前样本的预测类别，这个过程就是决策归纳的过程。从树的最顶层的根节点到每个叶节点均形成一条分类的路径规则，决策过程转换为一组决策规则。如图 6-2 所示为对汽车购买意愿构建的决策树。

决策树是一类常见的机器学习方法。以二分类任务为例，通过给定的训练数据集中习得一个模型，并用以对新示例进行分类。决策树算法的目的是从训练集 S 中建立树 T，决策树的构建过程分为以下 3 个部分：

（1）属性选择：是指从训练数据集中的众多属性中选择一个属性作为当前节点的决策标准，如何选择属性有着很多不同量化的评估标准，从而衍生出不同的决策树算法。

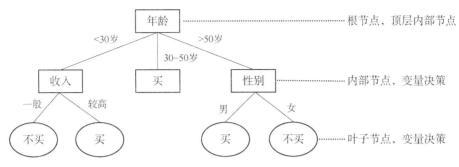

图6-2 汽车购买意愿决策树

选择最能够提供信息的属性,常用的方法是使用基于熵的方法来识别最能够提供信息的属性。熵方法基于两个基础的度量来选择最能提供信息的属性。

① 熵:用来衡量信息量多少的统计量。

② 信息增益:用于衡量一个属性为分类系统带来的信息量的多少。

给定分类 Y 和对应的标签 $y \in Y$,$P(y)$ 表示 y 的概率,则 Y 的熵 H_y 的定义为

$$H_y = -\sum_{\forall y \in Y} P(y)\log_2 P(y) \tag{6-3}$$

对于二分类,当每个标签 y 的概率 $P(y)$ 是 0 或 1 的时候,H_y 等于 0。此外,当所有分类标签具有相等的概率时,H_y 获得最大熵。

接下来,对每个属性确定其条件熵。给定属性 X,其值是 x,其结果属性是 Y,值是 y,条件熵 $H_{Y|X}$ 是对于给定 X 时 Y 的剩余熵,如下:

$$H_{Y|X} = \sum_x P(x)H(Y \mid X = x) = -\sum_{\forall x \in X} P(x)\sum_{\forall y \in Y} P(x)\log_2 P(x) \tag{6-4}$$

属性 X 的信息增益为基础熵与属性的条件熵之差,如

$$\mathrm{InfoGain}_X = H_Y - H_{X|Y} \tag{6-5}$$

通过计算每个属性的信息增益,将具有最高信息增益的属性作为给定的样本集合 D 的分支属性,然后创建一个节点,为该属性的分支。

(2)决策树生成:根据选择的特征评估标准,从上至下递归地生成子节点,直到数据集不可再分则停止决策树的生长。

确定决策树停止增长的方法:一种方法是通过检查是否都具有相同的属性值,或所有的记录是否都属于同一类;另一种方法是检查记录数是否小于某个最小阈值,确定是否终止递归函数。

(3)剪枝:决策树容易过拟合,一般需要通过剪枝,缩小树结构规模、缓解过拟合。剪枝技术有预剪枝和后剪枝两种。

① 预剪枝:在决策树生成过程中,通过在每次划分时,考虑是否能够带来决策树性能的提升。如果可以提升决策树的性能则会进行划分,否则停止划分,决策树不再生长。常用的方法有:设定树的深度阈值,当达到一定的规模则停止生长;设定节点的规模阈值,当

节点的样本数量小于某个阈值的时候停止生长。

② 后剪枝:首先,由训练集生成完整的决策树;然后,自底向上对决策树进行剪枝。后剪枝与预剪枝最大的不同就是决策树是否生长完整。常用的方法有:悲观剪枝(PEP)、错误率降低剪枝(REP)、最小误差剪枝(MEP)等。

目前较为流行的决策树的构建算法包括:ID3、C4.5、CART 等。

(1) ID3(Iterative dichotomiser 3):该算法是约翰·罗斯·昆兰(John Ross Quinlan)开发的一种决策树算法,ID3 算法在每个节点处选择获得最高信息增益的分支属性进行分裂,分支划分和分支属性选取的目的是提升整个决策树样本纯度。在决策树中用熵来表示样本集的不纯度,如果样本集只有一个类别,则熵为 0;否则,熵越大,越不确定,表示样本集中的分类越多样。因此,由于分类后样本集的纯度提高,而熵降低,熵降低的值即为信息增益。

ID3 算法的实现过程如下:

算法 1 ID3 算法实现代码

1.　输入:训练样数据集 D,由离散值属性表示;候选属性的集合 A
2.　输出:一棵判定树
3.　TreeGenerate(D, A)
4.　　生成结点 node;
5.　　if D 中样本全属于同一类别 C{
6.　　　　将 node 标记为 C 类叶结点; return
7.　　}
8.　　if A==∅ (OR D 中样本在 A 上取值相同){
9.　　　　将 node 标记为叶结点,其类别标记为 D 中样本数最多的类; return
10.　　}
11.　　从 A 中选择最优划分属性 a*;
12.　　for a* 的每一个值 a*_v{
13.　　　　为 node 生成一个分支;令 Dv 表示 D 中在 a* 上取值为 a*_v 的样本子集;
14.　　　　if Dv 为空
15.　　　　　　将分支结点标记为叶结点,其类别标记为 D 中样本最多的类;
16.　　　　else
17.　　　　　　以 TreeGenerte(Dv, A   {a*})为分支结点
18.　　}
19.　　输出:以 node 为根节点的一颗决策树

该算法的优点:理论清晰,方法简单,学习能力较强。

该算法的缺点:① 信息增益的计算比较依赖于属性值数目比较多的属性,当分支属性取值较多时,该分支属性的信息增益就会比较大。因此,在 ID3 算法中往往会选择属性值数据较多的属性。② 为非递增算法。③ ID3 为单变量决策树。④ 抗噪性差。

(2) C4.5:该算法是 ID3 算法的后继者,总体思路与 ID3 相似,主要区别在于分支的处理上,通过引入信息增益率作为分支属性选择的度量。假设样本集 S 和样本的属性 A,属性 A 有 v 个可能的取值,通过 A 能够将样本集 S 划分为 v 个子集 $\{S_1, S_2, \cdots, S_v\}$,$InfoGain_A$ 为属性 A 对应的信息增益,则属性 A 的信息增益率 Gain_ratio 为

$$Gain\_ratio = \frac{InfoGain_A}{-\sum_{i=1}^{v} \frac{|s_i|}{|s|} \log_2 \frac{|s_i|}{|s|}} \qquad (6-6)$$

在公式(6-6)中当 v 比较大时,信息增益率会明显降低,从而解决 ID3 算法在选择分支属性时往往选择取值较多的分支属性的问题。而且,C4.5 算法通过动态定义将连续属性值分割成离散的一组间隔的离散属性(基于数值变量)来去除特征必须是分类的限制。C4.5 将训练好的树转换成 if-then 规则的集合,然后评估每个规则的准确性以确定应用它们的顺序。如果规则的准确性没有改善,则通过删除规则的前提条件来完成修剪。

(3) CART(classification and regression tree)算法:又称分类回归树算法,该算法采用二分循环分割的方法,每次将当前的样本集划分为两个子集,使决策树中的节点均有两个分支,因此构建的决策树为二叉树。如果选择的分支属性具有多个取值,分裂时进行属性值的组合,选择最佳的两个组合进行分支。CART 算法中采用的分支属性选择的度量指标为 Gini 指标。假设 S 为具有 n 个样本的样本集,其分类属性具有 m 个不同的取值,用来定义 m 个不同分类 C_i,则其 Gini 指标为

$$Gini(S) = 1 - \sum_{i=1}^{m} P_i^2 \qquad (6-7)$$

其中 $P_i = \frac{|c_i|}{S}$,针对样本集 S,选择属性 A 作为分支属性时,样本集 S 分裂为两个样本子集 S_1 和 S_2,此情况下的 Gini 指标为

$$Gini(S \mid A) = \frac{|S_1|}{|S|}Gini(S_1) + \frac{|S_2|}{|S|}Gini(S_2) \qquad (6-8)$$

6.2.2 朴素贝叶斯分类器

贝叶斯分类是一类分类算法的总称,这类算法均以贝叶斯定理为基础,利用预测类隶属关系的概率,将数据划分到一个特定类,故统称为贝叶斯分类。

1. 贝叶斯定理

贝叶斯定理是关于随机事件 A 和 B 的条件概率(或边缘概率)的一则定理,其中 $P(A \mid B)$ 是在 B 发生的情况下 A 发生的可能性。

贝叶斯统计中的两个基本概念是先验分布和后验分布:

(1) 先验分布。总体分布参数 θ 的一个概率分布。贝叶斯学派的根本观点,是认为在关于总体分布参数 θ 的任何统计推断问题中,除了使用样本所提供的信息外,还必须规定一个先验分布,它是在进行统计推断时不可缺少的一个要素。先验分布不必有客观的依据,可以部分地或完全地基于主观信念。

(2) 后验分布。根据样本分布和未知参数的先验分布,用概率论中求条件概率分布的方法,求出的在样本已知下,未知参数的条件分布。因为这个分布是在抽样以后才得到的,故称为后验分布。贝叶斯推断方法的关键是任何推断都必须且只需根据后验分布,而不能再涉及样本分布。

贝叶斯公式为

$$P(A \mid B) = \frac{P(B \mid A)P(A)}{P(B)} \tag{6-9}$$

2. 贝叶斯定理在分类中的应用

在描述分类应用之前,首先从统计学的角度对分类问题加以描述。设 X 表示属性集, Y 表示类变量。如果类变量和属性集之间的关系不确定,那么可以把 X 和 Y 作为随机变量,用 $P(Y|X)$ 以概率的方式捕捉两者之间的关系。这个条件概率称为 Y 的后验概率,与之相对的 $P(Y)$ 称为 Y 的先验概率。

在训练阶段,根据从训练数据中收集的信息,对 X 和 Y 的每一种组合学习后验概率 $P(Y|X)$。然后,通过找出使后验概率 $P(Y'|X')$ 最大的类 Y' 就可以对测试记录 X' 进行分类。

准确估计类标号和属性值的每一种可能组合的后验概率,往往需要很大的训练集。因此,可以采用先验概率 $P(Y)$、类条件概率 $P(X|Y)$ 和证据 $P(X)$ 来表示后验概率

$$P(Y \mid X) = \frac{P(X \mid Y)P(Y)}{P(X)} \tag{6-10}$$

其中 $P(X)$ 总是常数,可以忽略。先验概率 $P(Y)$ 可以通过计算训练集中的属于每个类的训练记录所占的比例进行估计。对类的条件概率 $P(X|Y)$ 的估计,可以使用朴素贝叶斯分类器实现。

3. 朴素贝叶斯分类器

朴素贝叶斯分类器在估计类条件概率时假设属性之间条件独立。对于给定类的标号 y_i,每个属性是条件独立于其他每个属性的。

$$P(x_1, x_2, \cdots, x_n \mid y_i) = P(x_1 \mid y_i)P(x_2 \mid y_i)\cdots P(x_n \mid y_i) = \prod_{j=1}^{n} P(x_j \mid y_i) \tag{6-11}$$

有了条件独立的假设,只需要对给定的 Y,计算每个 x_j 的条件概率。分类测试记录时,朴素贝叶斯分类器对每个类 Y 计算后验概率

$$P(y_i \mid X) = \frac{P(y_i)\prod_{j=1}^{n} P(x_j \mid y_i)}{P(X)} \tag{6-12}$$

对于所有的 Y,$P(X)$ 是固定的,因此只需要找出 $P(y_i)\prod_{j=1}^{n} P(x_j \mid y_i)$ 最大的类。

6.2.3 最近邻分类器

基于最近邻的分类器通过找出和测试样本的属性相对接近的所有训练样本,这些训练样本称为最近邻(nearest neighbor),然后使用最近邻中出现次数最多的类标号作为测试样本的分类标号。

最近邻分类器将每个样本作为 d 维空间上的一个数据点，其中 d 是属性个数。通过相似性或距离度量测试样本与训练集中其他数据点的邻近度。给定样本的 k-最近邻是指和样本距离最近的 k 个数据点。k-最近邻实例如图 6-3 所示。

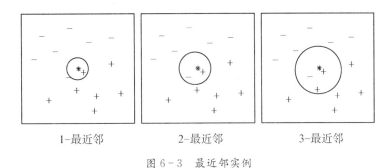

图 6-3　最近邻实例

该算法的主要思想是：如果一个样本在特征空间中的 k 个最相似的样本中的大多数属于某一类，则该样本也属于该类。k-最近邻分类器中，所选择的邻居都是已经正确分类的对象。该方法指依据最邻近的一个或者几个样本所属的类来确定测试样本所属的类。

最近邻分类器中的 k 值的选择，如果 k 太小，则最近邻分类器容易受到训练集中的噪声而产生的过拟合的影响；相反，如果 k 太大，最近邻分类器可能会误分类测试样本，因为最近邻列表中可能包含远离其近邻的数据点。

最近邻分类器的算法代码：

算法 2　最近邻分类算法

1.　令 k 是最近邻数目，D 是训练样本集合
2.　For 每个测试样本 z=(x′,y′)
3.　　{ 计算 z 和每个样本(x, y)∈D 之间的距离 d(x′,x)
4.　　　选择离 z 最近的 k 个训练样本的集合 D$_z$⊆D
5.　　　y′=argmax$\sum_{(x_i,\,y_i)\in D_z}$I(v=y$_i$)
6.　　}

其中 v 是类标号，y_i 是最近邻的类标号，I 是指示函数，如果其参数为真则返回 1，否则返回 0。

k-最近邻算法的特点：

（1）不需要事先对训练数据建立样本分类模型，而是当需要对测试样本进行分类时，才使用具体的训练样本进行预测。

（2）基于局部信息（k 个最近邻）进行决策，因此当最近邻的 k 很小时，对噪声非常敏感。

6.2.4　逻辑回归

在线性回归模型中，利用求输出特征向量 Y 和输入样本矩阵 X 之间的线性关系系数 r，满足 $Y=rX$。此时的 Y 是连续的，所以是回归模型。假设，Y 是离散的，需要对于 Y 再

做一次函数转换,变为 $g(Y)$。如果令 $g(Y)$ 的值在某个区间的时候是类别 A,在另一个区间的时候是类别 B,则就得到了一个分类模型。如果结果的类别只有两种,那么就是一个二元分类模型。逻辑回归(Logistic Regression)虽然被称为回归,但其实际上是分类模型。

逻辑回归的目的是对事件进行分类,将事件划分到最合适的类中。逻辑回归包含一组自变量和截距的 β 值,通过 β 值得出逻辑函数,逻辑函数可以估计事件属于某一输出组的概率。观测量 j 相对于事件 i 的发生概率的计算公式为

$$P_j = \frac{1}{1 + e^{(-\beta_0 - \sum \beta_j x_j)}} \tag{6-13}$$

其中 β 是逻辑回归中的系数。

逻辑回归使用一个函数来归一化 y 值,使 y 的取值在区间 $(0, 1)$ 内,这个函数称为 Logistic 函数(logistic function),也称为 Sigmoid 函数(sigmoid function)。函数公式如

$$g(x) = \frac{1}{1 + e^x} \tag{6-14}$$

Logistic 函数当 x 趋近于无穷大时,$g(x)$ 趋近于 1;当 x 趋近于无穷小时,$g(x)$ 趋近于 0。Logistic 函数的图形如图 6-4 所示。

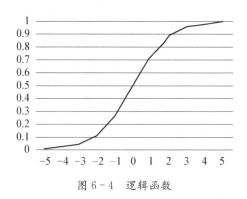

图 6-4　逻辑函数

逻辑回归本质上仍然是线性回归,只是在特征到结果的映射中加入了一层函数映射,即先把特征线性求和,然后使用函数 $g(x)$ 作为假设函数来预测。$g(x)$ 可以将连续值映射到 0 到 1 之间。线性回归模型的表达式带入 $g(x)$,就得到逻辑回归的表达式

$$h_\theta(x) = g(\theta^T x) = \frac{1}{1 + e^{\theta^T x}} \tag{6-15}$$

利用逻辑回归进行分类,将 y 的取值通过 Logistic 函数归一化到 $(0, 1)$ 之间,y 的取值有特殊的含义,它表示结果取 1 的概率,因此对于输入 x 分类结果为类别 1 和类别 0 的概率分别为

$$P(y = 1 \mid x; \theta) = h_\theta(x) \tag{6-16}$$

$$P(y = 0 \mid x; \theta) = 1 - h_\theta(x) \tag{6-17}$$

把这两个公式综合起来可以写成

$$P(y \mid x; \theta) = (h_\theta(x))^y (1 - h_\theta(x))^{1-y} \qquad (6-18)$$

其中 y 的取值为 0 或 1。

通过公式(6-18)得到了 y 的概率分布函数表达式,就可以用似然函数最大化来求解模型系数

$$L(\theta) = \prod_{i=1}^{m} (h_\theta(x_i))^{y_i} (1 - h_\theta(x_i))^{1-y_i} \qquad (6-19)$$

其中 m 为样本的数量。

对数似然函数为

$$J(\theta) = \log L(\theta) = \sum_{i=1}^{m} (y_i \log(h_\theta(x_i)) + (1 - y_i)\log(1 - h_\theta(x_i))) \qquad (6-20)$$

最大似然估计就是求使 $J(\theta)$ 取最大值的 θ,可以采用梯度上升法求解,求得的 θ 就是要求的最佳参数。

6.3 基于分类的异常检测

离群点检测或异常检测是为了找出其行为不同于预期对象的过程,这种对象称为离群点或异常点。基于分类的异常检测技术,用于从一组标记的数据样本中学习分类模型,然后使用已经学习好的分类模型对测试对象进行分类,将其归为其中一类。基于分类的异常检测技术通常包括两个阶段:一是训练阶段,使用可用的标记训练数据来训练分类器;二是测试阶段,使用分类器将测试实例分类为正常或异常。下面介绍操作实例 6-1:基于朴素贝叶斯的网站虚假账号异常检测。

操作实例 6-1 基于朴素贝叶斯的网站虚假账号异常检测

对网站运营来说,不真实账号、使用虚假身份是一个普遍存在的问题,作为网站运营商,希望可以检测出这些不真实账号,从而在一些运营分析报告中避免这些账号的干扰。如果通过纯人工检测,需要耗费大量的人力,效率也十分低下,如能引入基于异常的自动检测机制,将大大提升工作效率。从流程上看,基于朴素贝叶斯异常值分类包括三个阶段:

(1)准备工作阶段。这个阶段的任务是为朴素贝叶斯分类做必要的准备,主要工作是根据具体情况确定特征属性,并对每个特征属性进行适当划分,然后由人工对一部分待分类项进行分类,形成训练样本集合。这一阶段的输入是所有待分类数据,输出是特征属性和训练样本。

(2)分类器训练阶段。这个阶段的任务就是生成分类器,主要工作是计算每个类

别在训练样本中的出现频率及每个特征属性划分对每个类别的条件概率估计,并将结果记录。此阶段输入是特征属性和训练样本,输出是分类器。

(3) 应用阶段。这个阶段的任务是使用分类器对待分类项进行分类,其输入是分类器和待分类项,输出是待分类项与类别的映射关系。这一阶段也是机械性阶段,由程序完成。

首先设$C=0$表示真实账号,$C=1$表示不真实账号,具体步骤如下:

(1) 确定特征属性及划分。

这一步要找出可以帮助我们区分真实账号与不真实账号的特征属性,在实际应用中,特征属性的数量是很多的,但这里为了简单起见,这里用少量的特征属性以及较粗的划分。我们选择三个特征属性:a_1表示日志密度、日志数量/注册天数,a_2表示好友密度、好友数量/注册天数,a_3表示是否使用真实头像。下面给出划分:

$a_1:\{a_1 \leqslant 0.05, 0.05 < a_1 < 0.2, a_1 \geqslant 0.2\}$,

$a_2:\{a_2 \leqslant 0.1, 0.1 < a_2 < 0.8, a_2 \geqslant 0.8\}$,

$a_3:\{a_3 = 0(不是), a_3 = 1(是)\}$。

(2) 获取训练样本。

这里使用运维人员曾经人工检测过的一万个账号作为训练样本。

(3) 计算训练样本中每个类别的频率。

用训练样本中真实账号和不真实账号数量分别除以一万,得到:

$P(C=0) = 8\,900/10\,000 = 0.89$

$P(C=1) = 110/10\,000 = 0.11$

(4) 计算每个类别条件下各个特征属性划分的频率。

$P(a_1 \leqslant 0.05 \mid C=0) = 0.3$ $P(0.05 < a_1 < 0.2 \mid C=0) = 0.5$

$P(a_1 \geqslant 0.2 \mid C=0) = 0.2$ $P(a_1 \leqslant 0.05 \mid C=1) = 0.8$

$P(0.05 < a_1 < 0.2 \mid C=1) = 0.1$ $P(a_1 \geqslant 0.2 \mid C=1) = 0.1$

$P(a_2 \leqslant 0.1 \mid C=0) = 0.1$ $P(0.1 < a_2 < 0.8 \mid C=0) = 0.7$

$P(a_2 \geqslant 0.8 \mid C=0) = 0.2$ $P(a_2 \leqslant 0.1 \mid C=1) = 0.7$

$P(0.1 < a_2 < 0.8 \mid C=1) = 0.2$ $P(a_2 \geqslant 0.8 \mid C=1) = 0.1$

$P(a_3 = 0 \mid C=0) = 0.2$ $P(< a_3 = 1 \mid C=0) = 0.8$

$P(a_3 = 0 \mid C=1) = 0.9$ $P(a_3 = 1 \mid C=1) = 0.1$

(5) 使用分类器进行鉴别。

下面我们使用上面训练得到的分类器鉴别一个账号,这个账号使用非真实头像,日志数量与注册天数的比率为0.1,好友数与注册天数的比率为0.2。

$$P(C=0) \times P(X \mid C=0) = P(C=0) \times P(0.05 < a_1 < 0.2 \mid C=0) \times$$
$$P(0.1 < a_2 < 0.8 \mid C=0) \times P(a_3 = 0 \mid C=0)$$
$$= 0.89 \times 0.5 \times 0.7 \times 0.2$$
$$= 0.0623$$

$$P(C=1) \times P(X \mid C=1) = P(C=1) \times P(0.05 < a_1 < 0.2 \mid C=1) \times$$
$$P(0.1 < a_2 < 0.8 \mid C=1) \times P(a_3 = 0 \mid C=1)$$
$$= 0.11 \times 0.1 \times 0.2 \times 0.9$$
$$= 0.00198$$

由上述分析可知,这个账号为真实账号类别的概率(0.0623)大于为不真实账号的概率(0.00198)。因此,虽然这个账号没有使用真实头像,但是通过分类器的鉴别,其可被归类为真实账号。这个例子展示了当特征属性充分多时,朴素贝叶斯分类具有对个别属性的抗干扰性。

分类的异常检测技术的优点包括:① 基于分类的异常检测技术,特别是基于多类分类的异常检测技术,可以使用强大的算法,区分属于不同类的实例。② 基于分类的异常检测技术的测试是快速的,因为每个测试实例需要与预先计算的模型进行比较。基于分类检测的不足包括:① 基于多分类的异常检测技术依赖于各种正常类标号的准确性,而这通常是很难实现的。② 当测试实例需要有意义的异常评分时,基于分类的异常检测技术为每个测试实例分配一个标签,这可能会带来影响,从分类器的输出获得概率预测值的分类技术可以解决此问题。

6.4 高级分类方法

1. 贝叶斯信念网络

贝叶斯网络(Bayes Belief network),又称贝叶斯网络、信念网络、概率网络,是一个有向无环图(Directed Acyclic Graph,DAG)。它是一种概率图模型,根据概率图的拓扑结构,考察一组随机变量 $\{x_1, x_2, x_3, \cdots, x_n\}$ 即其 n 组的条件概率分布的性质,其中有向无环图中节点表示随机变量,连接两个节点之间的箭头便开始两个随机变量之间的因果关系即变量间的条件概率。如图 6-5 表示一个贝叶斯网络,可以看到 a 为 b 因,a,b 为 c 的因,其中 $P(a, b, c) = P(c \mid b, a)P(b \mid a)P(a)$。

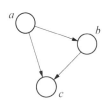

图 6-5 贝叶斯网络

贝叶斯信念网络是一种概率的图模型,提供一种因果关系的图形模型,可以在其上进行学习。贝叶斯信念网络由两个部分构成,有向无环图和条件概率表的集合。网络变量可以是可观测的或隐藏在所有或某些训练元组中。隐藏数据的情况也称为缺失值或不完全数据。如果网络拓扑已知并且变量是可观测的,则训练网络是直接的。当网络拓扑给定,而某些变量是隐藏时,可以选择不同的方法来训练信念网络,如梯度下降法。构造与训练贝叶斯网络分为两步:①确定随机变量间的拓扑关系,形成有向无环图,这一步通常需要领域专家完成,而想要建立一个好的拓扑结构,通常需要不断迭代和改进才可以。②训练贝叶斯网络。这一步也就是要完成条件概率表的构造,如果每个随机变量的值都是可以直接观察的,像上面的例子,那么这一步的训练是直观的,方法类似于朴素贝叶斯分类。但是通常贝叶斯网络的中存在隐藏变量节点,那么训练方法就是比较复杂,例如使用梯度下降法。

2. 后向传播神经网络

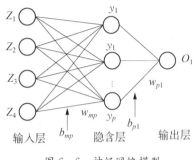

图 6-6　神经网络模型

后向传播是一种神经网络学习算法。神经网络作为一种先进的人工智能技术,神经网络是受人脑组织的生理学启发而创立的,由一系列互相联系的、相同的单元(神经元)组成。神经网络相互间的联系可以在不同的神经元之间传递增强或抑制信号,增强或抑制是通过调整神经元相互间联系的权重系数实现。因其自身自行处理、分布存储和高度容错等特性非常适合处理非线性的问题,以及那些以模糊、不完整、不严密的知识或数据为特征的问题。神经网络模型如图 6-6 所示。

神经网络可以实现监督和非监督学习条件下的分类。神经网络的学习结果为目标函数,根据这个目标函数的输出作为分类的依据。输入即为分类对象在各个属性特征上的分量值。神经网络实际上是一组连接的输入和输出单元,其中每一个连接都具有一定的权值。通过训练集来训练的过程就是调整这些权值的过程,使得神经网络可以正确的预测类别。神经网络的训练是针对训练例逐个进行的,所以神经网络的训练集可以随时添加,不需要重新进行训练就可完成网络的调整。

后向传播算法(back propagation)在多层前馈神经网络上学习,迭代地学习用于元组类标号预测的一组权重。多层前馈神经网络由一个输入层、一个或多个隐藏层和一个输出层组成。网络的输入对应于每个训练元组的观测属性。训练之前,要定义神经网络的拓扑结构,包括输入层单元数、隐藏层数、每个隐藏层的单元数和输出层的单元数。后向传播通过迭代地处理训练元组数据集,把每个元组的网络预测与实际已知的目标值相比较进行学习。目标值可以是训练元组已知类标号或者是连续值,对于每个训练样本,修改权重使得网络预测和实际目标值之间的均方误差最小。1969 年明斯基(M. Minsky)和希摩尔·帕伯特(S. Papert)所著的《感知机》一书对单层神经网络进行了深入分析,并且从数学上证明了这种网络功能有限,甚至不能解决"异或"这样的简单逻辑运算问题。1974 年,保罗·韦博斯(Paul Werbos)首次给出了如何训练一般网络的学习算法——back propagation(BP)算法,这个算法可以高效的计算每一次迭代过程中的梯度。直到 20 世纪 80 年代中期,BP 算法才重新被大卫·鲁梅尔哈特(David Rumelhart)、杰弗里·辛顿(Geoffrey Hinton)及罗纳德·威廉姆斯(Ronald Williams)、大卫·帕克(David Parker)和杨立昆(Yann LeCun)独立发现,并获得了广泛的注意,引起了神经网络领域研究热潮。

3. 支持向量机

支持向量机(support vector machine, SVM)是一种机器学习方法,它能较好地解决小样本、非线性、过学习、维数灾难和局部极小等问题,具有很强的泛化能力。SVM 使用一种非线性映射,把原训练数据映射到较高的维上,在新的维度空间上,搜索最佳分离超平面进行分类,其中最优分离超平面是要使得该平面两侧距离该平面最近的两类样本之间的距离最大化。SVM 映射到足够高维上的、合适的非线性映射,两个类的数据总可以被超平面分开。SVM 使用支持向量(基本训练元组)和边缘(由支持向量定义)发现超平面,如图 6-7 所示,模型希望找到图中实线边界函数(分类超平面),该线有更大的几何间距,对于离群点有更好的兼容性,鲁棒性更好。对于非线性可分的情况,采用核技巧实现原输入数据到较高维空间的非

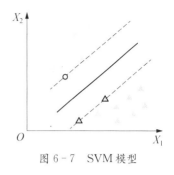

图 6-7 SVM 模型

线性变换。通过核函数,避免在高维空间计算点积(计算成本和开销大),而直接通过核函数在原数据空间计算实现高维空间的点积。支持向量机目前已经广泛地应用于模式识别、分类、概率密度估计等各个领域。

SVM 是万普尼克(Vapnik)等人在统计学习理论基础上对线性分类器提出的一种方法,然后扩展到线性不可分的情况,SVM 的主要思想可以概括为两点:第一,它是针对线性可分情况进行分析,对于线性不可分的情况,通过使用非线性映射算法将低维输入空间线性不可分的样本转化为高维特征空间使其线性可分,从而使得高维特征空间采用线性算法对样本的非线性特征进行线性分析成为可能。第二,它基于结构风险最小化理论之上在特征空间中构建最优超平面,使得学习器得到全局最优化,并且在整个样本空间的期望以某个概率满足一定上界。

4. 频繁模式

频繁模式(frequent pattern)是指频繁出现在数据集中的模式,如项集、子序列和子结构等。频繁模式显示了频繁地出现在给定数据集中的属性-值对之间的有趣联系,它把每个属性-值对看作一个项,因此搜索这种频繁模式称为频繁模式挖掘(见图 6-8)。例如,在购物篮分析中,会分析哪些商品频繁地被客户同时购买;在电商网站中,会分析用户在浏览商品 A 时还会继续浏览哪些商品页面。频繁模式挖掘是关联规则的基础,通常基于频繁项集,挖掘形成关联规则。

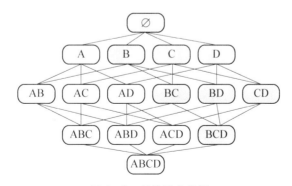

图 6-8 频繁模式挖掘

基于频繁模式和关联规则的分类一般包括以下步骤:
(1)对训练数据进行预处理(包括离散化、缺失值处理等)。

（2）关联规则挖掘。① 频繁项集挖掘，挖掘数据，得到频繁项集，即找出数据中经常出现的属性-值对；② 关联规则生成，分析频繁项集，产生每个类的关联规则，它们满足置信度和支持度标准。

（3）规则处理。

（4）对测试集进行测试。

5. 惰性学习法

惰性学习法（lazy learner）表示在最开始的时候不会根据已有的样本创建目标函数，只是简单地把训练用的样本储存好，后期需要对新进入的样本进行判断的时候才开始分析新进入样本与已存在的训练样本之间的关系，并据此确定新进入样本的目标函数值。惰性学习在提供训练元组时只做少量工作，而在进行分类或数值预测时做更多的工作。惰性学习存储训练元组或实例，也称为基于实例的学习法。在做分类或数值预测时，惰性学习法的计算开销相当大，需要有效的存储技术，并且非常适合在并行硬件上实现。它们不提供多少解释或对数据结构的洞察。然后，惰性学习法天生地支持增量学习，它们也能对具有超多边形形状的复杂决策空间建模。惰性学习法通常包括 K 近邻（k-Nearest Neighbors，KNN）分类和基于案例的推理分类学习。

1）KNN 分类

KNN（K Nearest Neighbor）算法思想是每个样本都可以用它最接近的 K 个邻居来代表。KNN 算法是一种分类算法，1968 年由 Cover 和 Hart 提出，应用场景有字符识别、文本分类、图像识别等领域。该算法的主要思想假设一个样本与数据集中的 K 个样本最相似，如果这 K 个样本中的大多数属于某一个类别，则该样本也属于这个类别。K-最近近邻分类法搜索模式空间，找出最接近未知元组的 K 个训练元组，未知元组被指派到它的 K 个最近邻中的多数类。最近邻分类法使用基于距离的比较，本质上赋予每个属性相等的权重。

KNN 分类流程：① 计算已知类别数据集中的点与当前点之间的距离；② 按距离递增次序排序；③ 选取与当前点距离最小的 K 个点；④ 统计前 K 个点所在的类别出现的频率；⑤ 返回前 K 个点出现频率最高的类别作为当前点的预测分类。

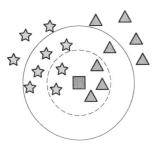

图 6-9　KNN 算法

K 值的选择会对 K 近邻的结果产生重大影响。如果选择较小的 K 值，则学习的近似误差减小，估计误差增大，预测结果会对近邻的实例点非常敏感。如果选择较大的 K 值，则学习的近似误差增大，估计误差减小。预测结果也会受到与输入实例较远的实例点的影响，造成预测错误。在应用中，一般 K 值选用一个比较小的数值，通常采用交叉验证法来选取最优值（见图 6-9）。

2）基于案例的推理

基于案例的推理（case-based reasoning，CBR）分类法使用一个存放问题解的数据库来求解新问题，和最近邻分类法把训练元组作为欧氏空间的点存储不同，CBR 把问题解决方案的元组或案例作为复杂的符号描述存储。CBR 基于这样一个观察事实：人们在解决问题时总是首先试图从以往经验中找到相似的案例，从中得到答案或启发 CBR 正是对这样一种问题求解方法的抽象:把当前情况与以往曾成功解决的问题相匹配,从中获取答案或启发。在匹配的过程中,必要的话,可能需要对过去案例的解决方案进行修改,使之能更好地与当前问题的具体情况相适应。CBR 最早出现在耶鲁大学 R. Schank 教授介绍了有关动态存储、历史环境以及环境模式回忆对问题求解的作用。

案例推理的过程可以看作是一个 4R(Retrieve,Reuse,Revise,Retain)的循环过程,如图 6-10 所示,即相似案例检索、案例重用、案例的修改和调整、案例学习四个步骤的循环。遇到新问题时,将新问题通过案例描述输入 CBR 系统;系统会检索出与目标案例最匹配的案例,若有与目标案例情况一致的源案例,则将其解决方案直接提交给用户;若没有则根据目标案例的情况对相似案例的解决方案进行调整和修改,若用户满意则将新的解决方案提交给用户,若不满意则需要继续对解决方案进行调整和修改;对用户满意的解决方案进行评价和学习,并将其保存到案例库中。

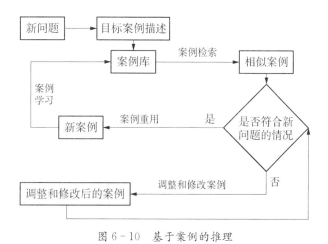

图 6-10　基于案例的推理

6. 其他分类方法

其他常见的分类方法包括:① 遗传算法,该方法易于并行,用于分类和其他优化问题,在挖掘中也可用于评估其他算法的拟合度;② 粗糙集,该方法用于分类,发现不准确数据或噪声数据内的结构联系,用于离散值属性;③ 模糊集,该方法基于可能性理论,处理模糊或不精确的事实。

1) 遗传算法

遗传算法(Genetic Algorithm,GA)最早是由美国的 John holland 于 20 世纪 70 年代提出的,该算法是根据大自然中生物体进化规律而设计提出的,是模拟达尔文生物进化论的自然选择和遗传学机理的生物进化过程的计算模型,是一种通过模拟自然进化过程搜索最优解的方法。该算法通过数学的方式,利用计算机仿真运算,将问题的求解过程转换成类似生物进化中的染色体基因的交叉、变异等过程,在求解较为复杂的组合优化问题时,相对一些常规的优化算法,通常能够较快地获得较好的优化结果。遗传算法已被人们广泛地应用于组合优化、机器学习、信号处理、自适应控制和人工生命等领域。遗传操作包括三个基本遗传算子(genetic operator):选择(selection)、交叉(crossover)、变异(mutation),如图 6-11 所示。

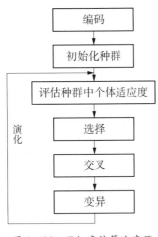

图 6-11 GA遗传算法步骤

遗传算法的基本运算过程如下。

(1) 初始化:设置进化代数计数器 $t=0$,设置最大进化代数 T,随机生成 M 个个体作为初始群体 $P(0)$。

(2) 个体评价:计算群体 $P(t)$ 中各个个体的适应度。

(3) 选择运算:将选择算子作用于群体。选择的目的是把优化的个体直接遗传到下一代或通过配对交叉产生新的个体再遗传到下一代。选择操作是建立在群体中个体的适应度评估基础上的。

(4) 交叉运算:将交叉算子作用于群体。遗传算法中起核心作用的就是交叉算子。

(5) 变异运算:将变异算子作用于群体。即是对群体中的个体串的某些基因座上的基因值做变动。群体 $P(t)$ 经过选择、交叉、变异运算之后得到下一代群体 $P(t+1)$。

(6) 终止条件判断:若 $t=T$,则以进化过程中所得到的具有最大适应度个体作为最优解输出,终止计算。

2) 粗糙集

粗糙集理论,是继概率论、模糊集、证据理论之后的又一个处理不确定性的数学工具。在自然科学、社会科学和工程技术的很多领域中,都不同程度地涉及对不确定因素和对不完备信息的处理。从实际系统中采集到的数据常常包含着噪声,不够精确甚至不完整。采用纯数学上的假设来消除或回避这种不确定性,效果往往不理想。1982年波兰学者 Z. Paw lak 提出了粗糙集理论,它是一种刻画不完整性和不确定性的数学工具,能有效地分析不精确,不一致(inconsistent)、不完整(incomplete)等各种不完备的信息,还可以对数据进行分析和推理,从中发现隐含的知识,揭示潜在的规律。

下面举个实例说明粗糙集的概念。在粗糙集中使用信息表描述论域中的数据集合,根据学科领域的不同,它们可能代表医疗、金融、军事、过程控制等方面的数据,信息表的形式和大家所熟悉的关系数据库中的关系数据模型很相似,是一张二维表格,如表6-2所示。

表6-2 教育与工作信息表

姓名	教育程度	是否找到了好工作
王治	高中	否
马丽	高中	是
李得	小学	否
刘保	大学	是
赵凯	博士	是

表格的数据描述了一些人的教育程度以及是否找到了较好工作,旨在说明两者之间的关系,其中王治,马丽,赵凯等称为对象(objects),一行描述一个对象。表中的列描述对象的属性,粗糙集理论中有两种属性:条件属性(condition attribute) 和决策属性(decision attribute),本例中"教育程度"为条件属性,"是否找到了好工作"为决策属性。

设 O 表示找到了好工作的人的集合,则 $O=\{$马丽,刘保,赵凯$\}$,设 I 表示属性"教育程度"所构成的一个等效关系,根据教育程度的不同,该论域被分割为四个等效类:$\{$王治,马丽$\}$,$\{$李得$\}$,$\{$刘保$\}$,$\{$赵凯$\}$。王治和马丽在同一个等效类中,他们都为高中文化程度,是不可分辨的,则:

集合 O 的下逼近(即正区)为 $I*(O)=\text{PO S}(O)=\{$刘保,赵凯$\}$

集合 O 的负区为 N EG$(O)=\{$李得$\}$

集合 O 的边界区为 BND$(O)=\{$王治,马丽$\}$

集合 O 的上逼近为 I3$(O)=\text{PO S}(O)+\text{BND}(O)=\{$刘保,赵凯,王治,马丽$\}$

根据表 6-2,可以归纳出下面几条规则,揭示了教育程度与是否能找到好工作之间的关系。

RULE 1:IF(教育程度=大学)OR(教育程度=博士)THEN(可以找到好工作)

RULE 2:IF(教育程度=小学)THEN(找不到好工作)

RULE 3:IF(教育程度=高中)THEN(可能找到好工作)

从这个例子中,我们还可以体会到粗糙集理论在数据分析,寻找规律方面的作用。

3) 模糊集

模糊数学是解决模糊性问题的数学分支。所谓"模糊数学"是相对于"精确"而言的。过去人们研究的问题大都是"精确"的。比如一个电路,不是断开的就是接通的,非此即比,决不模棱两可。反映这种现象的数学基础是集合论:一个元素 a,要么属于集合 A,要么 A 的余集,二者必居其一,不会有第三种情况。但后来人们发现:并非所有的现象和概念都像经典集合论这样"精确",有许多概念是没有明确界限的。比如"这辆车开得很快,那辆车开得很慢",在"很快"与"很慢"间,也没有明确的界线,而有中间过渡,即许多车开得不是"很快"也不是"很慢"。所谓模糊就是边界不清晰,有中间过渡现象的反映。针对上述问题,美国控制论专家查德(L. A. Zadeh)于 1965 年提出了模糊集理论。

模糊集指出若对论域(研究的范围)U 中的任一元素 x,都有一个数 $A(x)\in[0,1]$ 与之对应,则称 A 为 U 上的模糊集,$A(x)$ 称为 x 对 A 的隶属度。当 x 在 U 中变动时,$A(x)$ 就是一个函数,称为 A 的隶属函数。隶属度 $A(x)$ 越接近于 1,表示 x 属于 A 的程度越高,$A(x)$ 越接近于 0 表示 x 属于 A 的程度越低。用取值于区间$[0,1]$的隶属函数 $A(x)$ 表征 x 属于 A 的程度高低,这样描述模糊性问题比起经典集合论更为合理。例如我们用函数 $A(x)$ 表示模糊集"年老"的隶属函数,A 表示模糊集"年老",当年龄 $x\leqslant50$ 时 $A(x)=0$ 表明 x 不属于模糊集 A(即"年老"),当 $x\geqslant100$ 时,$A(x)=1$ 表明 x 完全属于 A,当 $50<x<100$ 时,$0<A(x)<1$,且 x 越接近 100,$A(x)$ 越接近 1,x 属于 A 的程度就越高。这样的表达方法显然比简单地说:"100 岁以上的人是年老的,100 岁以下的人就不年老。"更为合理。

习 题

1. 简述分类概念。

2. 简述决策树分类器原理。

3. 简述朴素贝叶斯分类器的主要思想。

4. 简述逻辑回归模型。

5. 什么是关联分析？它有何作用？

6. 举例分析关联分析在银行、保险、零售、政府管理中的应用。

7. 编程实现 Apriori 算法，并思考 Apriori 算法在哪些地方可以改进。

8. 简述支持向量机 SVM 原理。

9. 给定最近邻 KNN 数 K 和描述每个元组的属性 n，写一个 K-最近邻分类算法。

10. 比较急切学习（如决策树分类、贝叶斯分类）方法和惰性学习法（如 K-最近邻分类法、基于案例的推理分类法）的优点和缺点。

第 **7** 章

聚类分析

📖 **本章知识点**

（1）理解聚类概念。

（2）掌握基础聚类算法：划分方法、层次方法、密度方法、网格方法。

（3）掌握基于聚类的异常检测算法。

（4）熟悉常见的高级聚类方法。

俗话说"物以类聚，人以群分"，对事物进行分类和聚类，是人类认识事物的出发点，也是认识世界的一种科学方法，在各类科学研究和实际场景中，存在着大量聚类问题。聚类分析在互联网应用、商务管理、产品营销、生产制造、政务医疗等领域都有着十分广泛的应用。例如，在营销领域，基于数据的聚类帮助营销人员挖掘顾客的不同群组，通过分组增强营销计划的针对性，做到精准营销、个性化营销；在互联网领域，基于聚类模型的 Web 网页、在线评论文本进行分类和聚类，有利于提高搜索和推荐效率；在生物学领域，用于动物、植物图像特征的聚类，对基因信息的聚类，帮助人们深化对种群的认识；在城市和空间管理方面，根据房屋价值、位置、社区人口等特点对不同城区的房屋进行空间聚类分析，有利于进行合理的城市空间规划和社区管理。

7.1 聚类的基本概念

聚类是数据挖掘研究的重要问题之一，聚类是把数据集分成不同的簇或类别，其中数据集中的所有样本被划分为若干个不相交的子集，每个子集称为一个"簇"，要求簇内的数据对象之间尽可能地相似，而不同簇的数据对象尽可能不同。实现聚类的算法有很多，但这些算法都有一个共同的特征：找出数据对象所属的类别，发现未知的、潜在的、更深层的隐含类别。聚类分析是一种非监督学习，处理的数据对象集是无类别标记的，算法需要对原始数据的特征进行探索，进而挖掘出一些数据对象之间的共性特点。

聚类通常按照某个特定标准，譬如用对象之间的距离测量其相似度，从而把一个数据集分成特定的类或簇，通过分析数据对象的相似特征，使得聚类后同一类数据尽可能聚集到一起,不同类的数据对象尽量分离(见图 7-1),最终将原始数据重新组织成有价值的各类数据子集。聚类与分类的区别在于,分类通常需要预先对样本进行处理、贴上类别标签,很多时候往往是人工参与打标签过程,然后构建好的分类器模型从已经做好分类的样本训练集中进行"学习",通过计算估计出模型参数,通常完成了参数估计的过程即学习过程的完成分类的这个过程叫监督学习。而聚类的样本是事先没有分类预处理的,需要模型从样本中主动的学习或发现潜在的类,形成的类的过程可以看作是聚类,而分类是使用已经获得的类、使用已经聚好的类标准,通过构造好的分类器对新的未知对象进行类别判断。

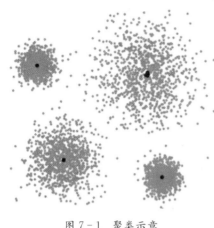

图 7-1 聚类示意

聚类的过程通常包括如下阶段:

(1) 数据准备:包括对数据特征进行标准化、属性降维、噪声处理。

(2) 特征选择:从最初的特征集中选择最有代表性的特征或特征组合,并将其存储于向量中。

(3) 特征提取:通过对所选择的特征进行转换进而形成新的特征。

(4) 聚类:选择适合特征类型的某种距离函数进行接近度或相似度的测量,而后根据距离进行聚类或分组。

(5) 结果评估:对聚类结果进行评估,评估主要有 3 种:外部有效性评估、内部有效性评估和相关性测试评估。

7.2 聚类的基础算法

聚类是将研究对象分为相对同质的群组或簇技术,现有研究和文献中有大量关于聚类的算法和技术,本章介绍聚类的几类基础算法,包括:划分方法、层次聚类方法、基于密度方法和基于网格方法。

7.2.1 划分方法

聚类分析最基本的算法是划分方法(partitioning method),它的主要任务是把数据对象分成互斥的几个分组和类别。划分方法假定给定由 m 个数据对象组成的集合 O 及要划分的簇数 k,划分方法要求构建数据对象的 k 个分组,每个分组代表一个簇并且至少包含一个数据对象,其中 $k \leqslant m$,划分过程使用互斥的类进行划分,即每个数据对象必须且只能属于一个分组。在簇的形成中需要某种划分标准,划分方法通常基于距离标准,通过选定数据对象的某个特征属性维度,构造距离函数计算数据对象之间的距离,通过距离数值表示对象之间的相似程度,最终使得同一个簇中的数据对象是相似的,而不同簇中的数据对象在该属性上是相异的。

本节介绍最常见的两个划分方法,K-均值(K-means)算和 K-中心点(K-medoids)

算法。

1) K -均值算法

K -均值算法(K-means)是目前应用最广泛的聚类算法,该算法给定一个数据集合和需要划分的簇数目 k,通过特定的距离函数迭代计算把数据集中的不断的划分到 k 个簇中,直至数据划分结果趋于稳定。K -均值聚类计算通常利用欧式距离(Euclidean distance),在数学中,欧式距离度量的是欧几里得空间中两点间直线距离,例如在二维中有两点$(1,2)$,$(3,4)$那么这两点的欧式距离 d 就是

$$d = \sqrt{(1-3)^2 + (2-4)^2} \qquad (7-1)$$

欧氏距离是最易于理解的一种距离计算方法,源自欧氏空间中两点间的距离公式,其中二维平面上两点 $a(x_1, y_1)$ 与 $b(x_2, y_2)$ 间的欧氏距离为

$$d_{12} = \sqrt{(x_1 - x_2)^2 + (y_1 - y_2)^2} \qquad (7-2)$$

两个 n 维向量 $\boldsymbol{a}(x_{11}, x_{12}, \cdots, x_{1n})$ 与 $\boldsymbol{b}(x_{21}, x_{22}, \cdots, x_{2n})$ 间的欧氏距离为

$$d_{12} = \sqrt{\sum_{k=1}^{n} (x_{1k} - x_{2k})^2} \qquad (7-3)$$

K -均值基于形心的划分技术使用簇的形心代表该簇,从几何上讲,簇的形心是它的中心点,形心可以用多种定义的方法,例如可以用用该簇所有数据对象的均值或中心点表示。假设簇内对象 p 与该簇形心 c_i 之差用 $\mathrm{dist}(p, c_i)$ 度量,其中 $\mathrm{dist}(p, c_i)$ 是两个数据点的欧式距离,那么聚类结果所形成的簇质量可以用簇内的变差来度量,它是簇中所有对象和形心之间的误差平方和定义为

$$E = \sum_{i=1}^{k} \sum_{p \in c_i} \mathrm{dist}(p, c_i)^2 \qquad (7-4)$$

其中,E 是数据集中所有对象的误差平方和,p 是数据集中的数据点,c_i 是簇的中心,此时只要优化 E,使 E 尽可能地小,则得到的簇将更加紧凑。

那么 K -均值算法的计算过程是如何进行的呢?首先,在数据集中随机抽取的 k 个对象,每个对象代表一个簇的初始均值或簇中心,然后计算每个数据点到所有簇中心的距离,并把每个数据点分配到离它最近的簇中心;其次,当所有的数据点都被分配完成,每个簇中心按照本簇所包括的数据点重新计算新的簇中心,然后把原来的簇中心更新为重新计算的均值;最后,该过程不断重复,满足某个终止条件为止,例如直至样本点归入的簇不再变动或每一组的中心点不再发生变化或者变化不大为止,重复以上过程重复上述步骤,直到误差平方和局部最小,K 均值运行步骤如图 7-2 所示。

从聚类过程看,如图 7-3 所示,算法从三个随机数据点开始作为质心(左上),然后计算所有数据节点与三个质心距离大小,指定每个数据节点到离它最近的类(右上),根据已经分化的类别,计算类内节点值平均值进行更新得到新的质心位置(左下),然后根据新生成的三个质心(右下角)再重新计算所有数据节点与新质心的距离,进行再分类。那么 K-means 算法终止条件是什么?通常计算 K-means 问题的目标函数最优解是一个 NP 问题,

算法：K-means
输入：包含 n 个数据对象的集合，簇数目 k
输出：k 个簇，使误差平方和最小
步骤：
1. 任选 k 个对象作为初始化的簇中心
2. repeat
3. 计算对象与每个中心的距离，将每一对象赋给"最近"的簇
4. 重新计算每个簇的平均值，选定新的簇中心
5. Until 不再发生变化

图 7-2　K-means 聚类算法步骤

大多数时候都是针对聚类结果施加一些约束，得到一个终止/停止条件，例如一种比较常用的停止条件是不断进行"划分—更新—划分—更新"，直到每个簇的中心不在移动为止。

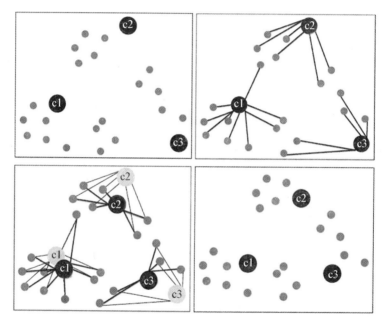

图 7-3　K-均值算法运行过程

　　从优点看，K-means 聚类原理简单，当数据是密集、类与类之间区别明显时，效果较好，对于处理大数据集，该算法相对可伸缩和高效的。但该算法有如下 4 个缺点：① 算法的 K 是事先给定的，但通常难以确定，但在对数据不了解的情况下很难确定最优的 k 是多少；② 算法对初始值敏感，由于初始质心是主观选定的，该选择通常对聚类的最后结果有较大的影响，从而使得结果的稳定性不高；③ 每一次迭代都要重新计算各点与质心的距离，然后排序，时间成本较高；④ 对特殊分布的数据集不能够得出合理的结果，譬如数据分布是长条形等特殊情况聚类效果都不甚理想，另外，比如当样本数据中出现了不合理的极端值，会导致最终聚类结果产生一定的误差。

　　2）K-中心算法

　　在 K-means 算法执行过程中，通过随机的方式选择初始质心，而后面通过不断迭代所

产生的新质心很可能并不是聚簇中的点,例如某些异常点距离质心相对较大时,很可能导致重新计算得到的质心偏离了聚簇的真实中心。因此,针对如上问题,K-中心点算法(K-medoids)做了改进,K-中心点算法和k-均值接近,不同的是质心更新选择方式,k-均值是按照欧式距离的均值进行更新质心的,而K-中心点算法是按照真实的数据点进行更新的,通过遍历所有的数据点,找到误差平方和最小的那个点为簇的中心点。K-means中选取的中心点为当前类中所有点的重心,而K-medoids选取的中心点为当前簇中存在的一点,判断的准则函数是当前簇中所有其他点到该中心点的距离之和最小,这就在一定程度上削弱了异常值的影响,但缺点是计算较为复杂,耗费的计算机时间比K-means多,K-medoids算法步骤如图7-4所示。

算法:K-medoids

输入:包含n个数据对象的集合,簇的数目k

输出:k个簇

步骤:

(1) 任意选取k个初始中心点(medoids)

(2) repeat

(3) 按照与medoids最近的原则,将剩余点分配到当前最佳的medoids所代表的类或簇中

(4) 在每一类或簇中,计算每个样本点与其他点的距离之和,选取距离之和最小的点作为新的medoids

(5) Until 重复(3)(4)的过程,直到所有的中心点(medoids)不再发生变化,或已达到设定的最大迭代次数

图7-4　K-medoids算法步骤

K-medoids基本算法和K-means比较相似,但是K-medoids和K-means是有区别的,两个算法不一样的地方在于中心点的选取方式不同,在K-means算法将中心点取为当前簇中所有数据点的平均值,而K-medoids算法从当前簇中选取这样一个点即它到其他所有(当前簇中的)点的距离之和最小作为中心点。K-medoids每次选取的中心点,必须是样本点,而K-means每次选取的中心点可以是样本点之外的点,两者的区别类似中位数和平均值的区别,对K-medoids算法而言,异常点不会严重影响聚类结果。

7.2.2　层次聚类方法

层次聚类是一种很直观的算法,通俗理解就是要一层一层地进行聚类,可以从下而上把小的簇合并聚集,也可以从上而下将大的簇进行分裂,即包括凝聚型和分裂型的层次聚类算法(agglomerative 和 divisive)。凝聚型层次聚类过程是自下而上法,一开始每个对象都是一个单独的类,然后根据距离寻找同类进行合并,最后形成单一的一个"类"(见图7-3)。分裂型层次聚类过程是自上而下法,一开始所有对象都属于一个"类",然后根据距离排除不相同的类,最后每个对象都成为一个个独立的"类"。在实际应用中,通常用得较多的是从下而上聚集,本节主要介绍该算法。

凝聚型层次聚类的策略是先将每个对象作为一个簇,然后合并这些原子簇形成越来越大的簇,直到所有对象都在一个簇中,或者某个终结条件被满足,绝大多数层次聚类属于凝聚型层次聚类,它们只是在不同簇之间的相似度定义上有所不同,本节给出采用最小距离计算凝聚型层次聚类的算法步骤,如图7-5所示。

> （1）将每个对象看作一个类，计算两两之间的最小距离
> （2）repeat
> （3）将距离最小的两个类合并成一个新类
> （4）重新计算新类与所有类之间的距离
> （5）Until 重复（3）（4）的过程，直到所有类最后合并成一类

图7-5 凝聚型层次聚类步骤

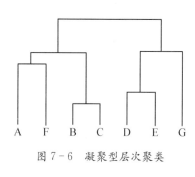

图7-6 凝聚型层次聚类

该算法最开始的时候将所有数据点本身作为簇，然后找出距离最近的两个簇将它们合为一个，不断重复以上步骤直到达到预设的簇数。算法每次找到距离最短的两个簇，然后进行合并成一个大的簇，直到全部合并为一个簇，整个过程就是建立一个类似于图7-6所示的树型结构。那么，如何计算两个簇之间的距离呢？一开始每个数据点可独自看作一类，簇之间的距离就是这两个点之间的距离，当簇包含不止一个数据点的时候，计算距离可以有多种方式。

通常计算两个簇之间的距离计算方法有三种，分别为最小距离法（Single Linkage），最大距离法（Complete Linkage）和平均距离法（Average Linkage）。

（1）最小距离法（Single Linkage）计算方法是将两个簇内数据点中距离最近的两个数据点间的距离表示这两个簇的距离，通常这样计算距离容易受到极端值的影响。

（2）最大距离法（Complete Linkage）计算方法与最小距离法（Single Linkage）相反，它将两个簇中距离最远的两个数据点间的距离作为这两个簇的距离，这种方式会使得两个簇可能由于其中的极端值距离较远而无法组合在一起。

（3）平均距离法（Average Linkage）计算方法是计算两个簇中的每个数据点与其他所有数据点的距离，将所有距离的均值作为两个簇的距离，这种方法计算量比较大，但结果比前两种方法更合理。

层次聚类较大的优点，就是它一次性地得到了整个聚类，只要得到了如上聚类树，想要分多少个簇都可以直接根据树结构来得到结果，改变簇数目不需要再次计算数据点的归属，因为每次迭代合并两个簇，其中每个簇至少包含一个对象，因此算法最多需要 n 次迭代。层次聚类通常不需要预先定义簇的个数，可以发现类的层次关系，距离和规则的相似度容易定义、限制少，此外，该算法对距离度量的选择不敏感。从缺点方面看，层次聚类计算量比较大，因为要每次都要计算多个簇内所有数据点的两两距离，异常值也能产生很大影响；由于层次聚类使用的是贪心算法，得到的显然只是局部最优，不一定就是全局最优，算法很可能聚成链状。

7.2.3 基于密度的方法

划分和层次的方法旨在发现球状簇，但通常很难形成任意形状的簇，因此无法根据数据的特征进行聚合，为了发现任意形状的簇，可以把簇看作数据空间中被稀疏区域分开的稠密区，这就是基于密度聚类的主要策略。DBSCAN（Density-Based Spatial

Clustering of Application with Noise)算法是一种基于密度的聚类方法,它将簇定义为紧密相连的点的最大集合,能够把具有足够密度的区域划分为簇,并可以在有噪声的空间数据集中发现任意形状的簇。DBSCAN 算法中有两个重要参数:Eps 和 MinPtS。Eps是定义密度时的邻域半径,MinPts 为定义核心点时的阈值,DBSCAN 算法把数据点分为以下 3 类。

(1) 核心点,如果一个对象在其半径 Eps 内含有超过 MinPts 数目的点,则该对象为核心点。

(2) 边界点,如果一个对象在其半径 Eps 内含有点的数量小于 MinPts,但是该对象落在核心点的邻域内,则该对象为边界点。

(3) 噪声点,如果一个对象既不是核心点也不是边界点,则该对象为噪声点。

核心点对应稠密区域内部的点,边界点对应稠密区域边缘的点,而噪声点对应稀疏区域中的点。如图 7－7 所示,假设 $MinP_{ts}=5$,Eps 如图中箭头线所示,则点 A 为核心点,点 B 为边界点,点 C 为噪声点。点 A 因为在其 Eps 邻域内含有 7 个点,超过了 $E_{ps}=5$,所以是核心点。点 E 和点 C 因为在其 Eps 邻域内含有点的个数均少于 5,所以不是核心点;点 B 因为落在了点 A 的 E_{ps} 邻域内,所以点 B 是边界点;点 C 因为没有落在任何核心点的邻域内,所以是噪声点。

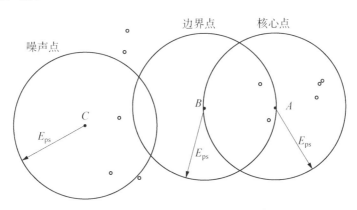

图 7－7　DBSCAN 数据点类型示意

DBSCAN 需要二个参数,扫描半径(Eps)和最小包含点数(MinPts),在已知 Eps 和 MinPts 前提下,DBSCAN 的一般步骤是:首先任意选择一个点,判断该点是否为核心点。如果是核心点,就在该点周围建立一个类,否则,设定为外围点。遍历其他点,直到建立一个类,把可达的点加入到类中。如果标记为外围的点被加进来,修改状态为边缘点。重复上述步骤,直到所有的点满足在类中(核心点或边缘点)或者为外围点,具体步骤如图 7－8所示。

密度聚类的思想是不同于 K-Means 的,但是更符合人们日常思维方式,其思想是通过是否紧密相连来判断样本点是否属于一个簇。DBSCAN 主要优点包括:① 可以解决数据分布特殊,例如非凸,互相包络,长条形等特点;② 对于噪声不敏感;③ 速度较快,可适用于较大的数据集;④ 在邻域参数(Eps,MinPts)给定的情况下,结果是确定的,只要数据进入算法的顺序不变,与初始值无关,这里就和 K-Means 不同;⑤ 不需要指定簇的个数。

算法：DBSCAN

输入：数据集，邻域半径 Eps，邻域中数据对象数目阈值 MinPts

输出：密度联通簇

步骤：

（1）从数据集中任意选取一个数据对象点 p

（2）repeat

（3）如果对于参数 Eps 和 MinPts，所选取的数据对象点 p 为核心点，则找出所有从 p 密度可达的数据对象点，形成一个簇

（4）如果选取的数据对象点 p 是边缘点，选取另一个数据对象点

（5）Until 重复（3）、（4）步，直到所有点被处理

图 7 - 8　DBSCAN 算法步骤

DBSCAN 缺点包括：① 由于对整个数据集使用的是一组邻域参数，当簇之间密度差距过大时聚类效果不好；② 当数据量较大时，内存消耗过大；③ 对于高维数据距离的计算比较麻烦，容易导致"维数灾难"。

7.2.4　基于网格的方法

基于网格的聚类是一种空间驱动的方法，把嵌入空间划分成独立于输入对象分布的单元，使用一种多分辨率的网格数据结构，将对象空间量化成有限数目的单元，形成网格结构，所有的聚类操作在该结构上进行。基于网络方法的原理是将数据空间划分为网格单元，将数据对象集映射到网格单元中，并计算每个单元的密度，然后根据预设的密度阈值判断每个网格单元是否为高密度单元，由邻近的稠密单元组形成"类"。这种方法处理速度快，处理时间独立于数据对象数，而仅依赖于量化空间中每一维上的单元数，主要包括 STING 和 CLIQUE 两种方法，算法的主要流程是：

① 划分网格；② 使用网格单元内数据的统计信息对数据进行压缩表达；③ 基于这些统计信息判断高密度网格单元；④ 最后将相连的高密度网格单元识别为簇。

1. STING 算法

STING（statistical Information grid）统计信息网格是基于网格的多分辨率的聚类技术，将输入对象的空间区域划分成矩形单元，其中空间可以用分层和递归方法进行划分。矩形单元对应不同级别的分辨率，并且形成一个层次结构，每个高层单元被划分为多个低一层的单元。关于每个网格单元的属性的统计信息，如均值、最大值、最小值，被作为统计参数预先计算和存储（见图 7 - 9）。

2. CLIQUE 算法

CLIQUE 是一种类似于 Apriori 的子空间聚类方法，用于发现子空间中基于高密度相连的簇。CLIQUE 把每个维划分成不重叠的区间，从而把数据对象嵌入空间划分成单元，使用一个密度阈值识别稠密单元和稀疏单元，如果映射到它的对象数超过该密度阈值则该单元是稠密的。

CLIQUE 算法主要是通过两个阶段进行聚类。在第一阶段，CLIQUE 把 d -维数据空间划分若干互不重叠的矩形单元，并且从中识别出稠密单元。CLIQUE 通过把每个维都

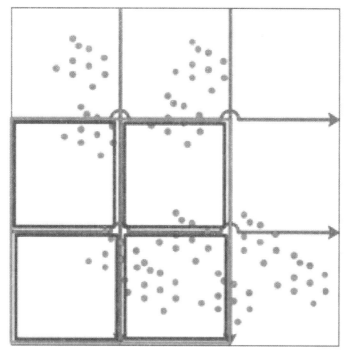

图 7-9　STING 聚类

划分成区间并识别至少包含 K 个点的区间，其中 K 是密度阈值。然后，CLIQUE 迭代地连接子空间并检查点数是否满足密度阈值，当没有候选产生或候选都不稠密时，迭代终止。在第二阶段中，CLIQUE 使用每个子空间中的稠密单元来形成可能具有任意形状的簇。其思想是利用最小描述长度原理，使用最大区域来覆盖连接的稠密单元，其中最大区域是一个超矩形，落入该区域中的每个单元都是稠密的，并且该区域在该子空间的任何维上都不能再扩展。通常 CLIQUE 采用了一种简单的贪心方法来寻找簇，它从一个任意稠密单元开始，找出覆盖该单元的最大区域，然后在尚未被覆盖的剩余的稠密单元上继续这一过程，当所有稠密单元都被覆盖时，贪心方法终止。

7.2.5　聚类算法评估

聚类评估的任务是估计在数据集上进行聚类的可行性，以及聚类方法产生结果的质量，通常包括以下 3 个子任务。

（1）估计聚类趋势。这一步骤是检测数据分布中是否存在非随机的簇结构。如果数据是基本随机的，那么聚类的结果也是毫无意义的。可以观察聚类误差是否随聚类类别数量的增加而单调变化，如果数据是基本随机的，那么聚类误差随聚类类别数量的增加而变化的幅度就不显著，找不到一个合适的 K 对应数据的真是簇数。借助霍普金斯统计量（Hopkins Statistic）可以判断数据在空间上的随机性，通过该方法检验数据分布是否是均匀、同质的。在给数据集做聚类之前，我们需要事先评估数据集的聚类趋势，要求数据是非均匀分布，均匀分布的数据集没有聚类的意义。霍普金斯统计量计算步骤：

① 均匀地从 D 的空间中抽取 n 个点 p_1, p_2, ⋯, p_n, 对每个点 $p_i(1 \leqslant i \leqslant n)$, 找出 p_i 在 D 中的最近邻, 并令 x_i 为 p_i 与它在 D 中的最近邻之间的距离为

$$x_i = \min_{v \in D}\{\text{dist}(p_i, v)\} \tag{7-5}$$

② 均匀地从 D 的空间中抽取 n 个点 q_1, q_2, ⋯, q_n, 对每个点 $q_i(1 \leqslant i \leqslant n)$, 找出 q_i 在 $D - \{q_i\}$ 中的最近邻, 并令 y_i 为 q_i 与它在 $D - \{q_i\}$ 中的最近邻之间的距离为

$$y_i = \min_{v \in D, v \neq q_i}\{\text{dist}(q_i, v)\} \tag{7-6}$$

③ 计算霍普金斯统计量

$$H = \frac{\sum\limits_{i=1}^{n} y_i}{\sum\limits_{i=1}^{n} x_i + \sum\limits_{i=1}^{n} y_i} \tag{7-7}$$

如果样本接近随机分布, H 的值接近于 0.5; 如果聚类趋势明显, 则随机生成的样本点距离应该远大于实际样本点的距离, 即 H 的值接近于 1。

(2) 判定数据簇数。确定聚类趋势之后, 找到与真实数据分布最为吻合的簇数, 据此判定聚类结果的质量。例如用手肘法和 Gap Statistic 方法, 需要说明的是, 用于评估的最佳数据簇数可能与程序输出的簇数是不同的。

(3) 测定聚类质量。在无监督的情况下, 可以通过考察簇间的分离情况和簇内的紧凑情况来评估聚类的效果。下面为几种常用的指标: 轮廓系数, 均方根标准偏差(Root-mean-square standard deviation)用来衡量聚结果的同质性, 即簇的紧凑程度, 用 R 平方(R-Square)可以用来衡量聚类的差异度, 以及使用改进的 Hubert T 统计, 通过数据对的不一致性来评估聚类的差异。

7.3 基于聚类的异常检测

异常点也称为离群点(outlier), 此类数据点的特征或规则与大多数数据不一致, 表现出异常的特征。检测这些数据的方法称为异常检测, 在大多数数据挖掘或数据工作中, 异常值将被视为噪声, 通常在数据预处理过程中被清除, 以避免其对整体数据评估和分析挖掘的影响。如果数据处理工作的目标是识别异常值, 这些异常值将成为数据工作的焦点。常见的异常成因包括: 数据来源于不同的类即不同的数据来源, 数据自然变异以及数据测量或收集误差。异常检测方法通常包括: 基于统计的技术、分类、最近邻以及聚类的技术等。

本节主要介绍基于聚类的异常检测(见图 7-10), 按照样本标签可利用的程度, 可以划分为监督、半监督、无监督三种基本的异常检测方法, 聚类算法属于无监督异常检测, 算法根据一些规则将数据进行无监督的聚类, 如果聚类簇比较偏远, 或者密度比较少, 可能就是异常。接下来, 我们将通过操作实例 7-1 详细介绍基于聚类的异常检测的应用。

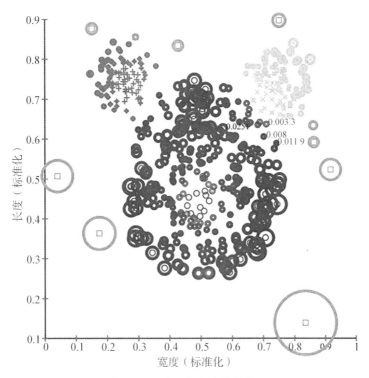

图 7 - 10　基于聚类的异常检测

操作实例 7 - 1　基于 K - 均值聚类的异常值识别

借助于 Python 随机生成两组二维数据,用于实训演练,为了能够更加直观地洞察该数据,可将其绘制成散点图。具体代码如下:

```
# 导入第三方包
import numpy as np
import matplotlib. pyplot as plt
# 随机生成两组二元正态分布随机数
np. random. seed(1234)
mean1 = [0.5, 0.5]
cov1 = [[0.3, 0], [0, 0.1]]
x1, y1 = np. random. multivariate_normal(mean1, cov1, 5000). T
mean2 = [0, 8]
cov2 = [[0.8, 0], [0, 2]]
x2, y2 = np. random. multivariate_normal(mean2, cov2, 5000). T
# 绘制两组数据的散点图
plt. rcParams['axes. unicode_minus'] = False
plt. scatter(x1, y1)
plt. scatter(x2, y2)
```

```
# 显示图形
plt. show()
```

如图 7-11 所示,图中灰色和黑色之间形成鲜明的簇,其中每个簇内包含 5 000 个数据。如果数据中存在异常点,看上去黑色的簇可能会包含更多异常,因为数据点相对分散一些。

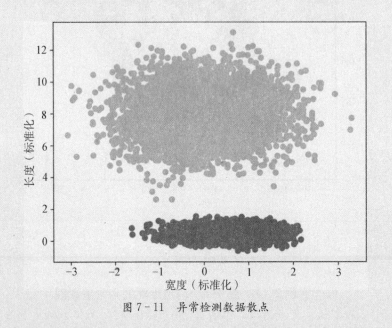

图 7-11　异常检测数据散点

K 均值聚类算法的思路清晰简单,就是不断地计算各样本点与簇中心之间的距离,直到收敛为止,其具体的步骤如下:

(1) 从数据中随机挑选 k 个样本点作为原始的簇中心。

(2) 计算剩余样本与各个簇中心的距离,并把各样本分配给离第 k 个簇中心最近的类别。

(3) 重新计算各簇中样本点的均值,并以均值作为新的 k 个簇中心。

(4) 不断重复(2)和(3),直到簇中心的变化趋于稳定,形成最终的 k 个簇。

上述步骤生成了两组随机数据,从图中可以看出数据需聚为两类,然而在实际应用中,很多数据都无法通过可视化或直觉判断聚类的个数(即 K 值)。为了验证所观察到黑色簇可能包含异常判断,接下来通过构造自定义函数,计算簇内的每个点与簇中心的距离,并判断其是否超过阈值的异常点。

```
def kmeans_outliers(data, clusters, is_scale = True):
    # 指定聚类个数,准备进行数据聚类
    kmeans = KMeans(n_clusters=clusters)
    # 用于存储聚类相关的结果
```

```
cluster_res = []
# 判断是否需要对数据做标准化处理
if is_scale：
std_data = scale(data) # 标准化
kmeans. fit(std_data) # 聚类拟合
# 返回簇标签
labels = kmeans. labels_
# 返回簇中心
centers = kmeans. cluster_centers_
for label in set(labels)：
# 计算簇内样本点与簇中心的距离
diff = std_data[np. array(labels) == label,] − \
 − np. array(centers[label])
dist = np. sum(np. square(diff)，axis=1)
# 计算判断异常的阈值
UL = dist. mean() + 3 * dist. std()
# 识别异常值,1 表示异常,0 表示正常
OutLine = np. where(dist > UL, 1, 0)
raw_data = data. loc[np. array(labels) == label,]
new_data = pd. DataFrame({'Label':label,'Dist':dist,'OutLier':OutLine})
# 重新修正两个数据框的行编号
raw_data. index = new_data. index = range(raw_data. shape[0])
# 数据的列合并
cluster_res. append(pd. concat([raw_data,new_data], axis = 1))
else：
kmeans. fit(data) # 聚类拟合
# 返回簇标签
labels = kmeans. labels_
# 返回簇中心
centers = kmeans. cluster_centers_
for label in set(labels)：
# 计算簇内样本点与簇中心的距离
diff = np. array(data. loc[np. array(labels) == label,]) − \
 − np. array(centers[label])
dist = np. sum(np. square(diff)，axis=1)
UL = dist. mean() + 3 * dist. std()
```

```
OutLine = np.where(dist > UL, 1, 0)
raw_data = data.loc[np.array(labels) == label,]
new_data = pd.DataFrame({'Label':label,'Dist':dist,'OutLier':OutLine})
raw_data.index = new_data.index = range(raw_data.shape[0])
cluster_res.append(pd.concat([raw_data,new_data], axis = 1))
# 返回数据的行合并结果
return pd.concat(cluster_res)
# 调用函数,返回异常检测的结果
res = kmeans_outliers(X,2,False)
# res
# 绘图
sns.lmplot(x="x1", y="x2", hue='OutLier', data=res,
    fit_reg=False, legend=False)
plt.legend(loc='best')
plt.show()
```

如图 7-12 所示,黑色的点即为异常点。从黑色点的分布来看,上面那一簇所对应的异常点比较多(与之前的预判一致),而下面簇的异常点较少,且全部集中在散点的右侧。

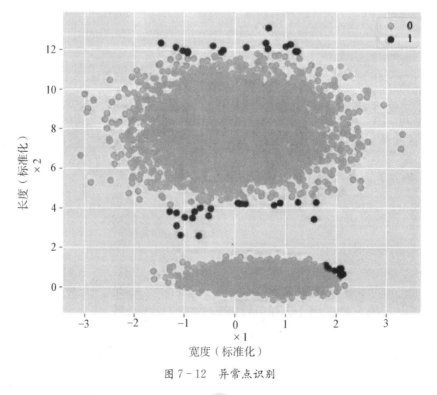

图 7-12　异常点识别

基于聚类的异常检测技术通常可以分为两类：① 第一类基于以下假设：正常数据对象属于数据集合中的簇，而异常点不属于任何簇。基于此假设的异常检测算法包括DBSCAN、ROCK 和 SNN 算法。② 第二类基于聚类的异常检测假设正常数据对象靠近它们最接近的聚类中心。基于该假设的算法包括两个步骤：第一步，对于每个数据对象，将它分配到与其最接近的聚类中，而异常点远离它们最接近的聚类中心，使用聚类算法对数据进行聚类；第二步，把与中心的距离作为其异常得分。

基于聚类的异常检测技术具有以下优点：① 基于聚类的异常检测技术可以在无监督模式下进行。② 这种方法可以通过简单地插入能够处理特定数据类型的聚类算法以适应其他不同数据类型。③ 这种方法测试速度是快速的。

基于聚类的异常检测技术具有以下缺点：① 该方法性能高度依赖聚类算法捕获正常数据对象的有效性。② 许多技术检测异常只是作为聚类的副产品，因此它们不对异常检测进行优化。③ 每种聚类算法只适合于特定的数据类型，可扩展性不够强。

7.4 高级聚类方法

本节围绕高级聚类模型，主要从如下 3 方面进行展开：① 基于概率模型的聚类，包括模糊簇聚类、基于概率的聚类和期望最大化算法；② 高维数据聚类，包括子空间聚类方法、双聚类方法和维归约；③ 图和网络数据聚类。

7.4.1 基于概率模型的聚类

在电商网站购物时，用户经常看到大量的产品评论，一个评论可能涉及多种产品或产品的多个属性，假设数码相机的拍照参数、清晰度是一个簇，相机的价格是另一个簇，而如果一个评论同时谈到了相机的拍照性能与价格（见图 7 - 13），那应该如何分类？该评论与这两个簇都相关，而不是互斥地只属于任何一个簇。对这种对象属于多个簇的聚类问题，是我们本节将要讨论的内容，即一个对象被指派到多个簇的情况，内容包括模糊簇、概率簇以及期望最大化算法。

图 7 - 13 产品评论文本

1）模糊簇聚类

模糊簇聚类方法使用模糊集工具，模糊集 S 是整体对象集 X 的一个子集，允许 X 中的每个对象都具有一个属于 S 的 0 到 1 之间的隶属度，模糊聚类也称为软聚类，允许一个对象属于多个簇，和传统的硬聚类强制每个对象互斥地仅属于一个簇不同。给定数据对象的集合，一个簇就是对象的一个模糊集，这种簇就是模糊簇，一个聚类包含多个模糊簇。模糊聚类就是划分模糊簇的过程，数据对象隶属于模糊簇的隶属度，可以用对象与其被指派到的簇的中心之间的距离或相似度来衡量。由于一个对象可能属于多个簇，用隶属度加权到簇中心的距离之和来反映对象拟合聚类的程度，可以使用误差平方来度量模糊聚类对数据集的拟合程度。

2）基于概率的聚类

通常聚类分析的目标是发现隐藏的类别，样本数据集可以看成隐藏的类别的可能实例的一个样本，但没有类标号。从统计视角看，由聚类分析形成的簇使用样本数据集推断并且旨在逼近隐藏的类别，可以假定想要发现的隐藏类别是数据空间上的一个需要估计的分布，可以使用概率密度函数或分布函数来表示，这种隐藏的类别称为概率簇。对于一个概率簇 C，它的密度函数和数据空间的点 o，$f(o)$ 是 C 的一个实例在 o 上出现概率，假定概率簇符合某种类型的分布，通过观测到的样本数据集学习到分布参数进而识别潜在的类别。假设存在多个概率簇，所观测到的数据对象集是由这些概率簇所生成，给定数据集 D 和所要求的簇数 K，基于概率模型的聚类分析任务是推导出最有可能产生 D 的 K 个概率簇。

3）期望最大化算法

模糊聚类和基于概率模型的聚类都是通过期望最大化（Expectation Maximization，EM）算法来实现。EM 算法的主要思路是通过样本数据逼近统计模型参数的最大似然或最大后验估计。在模糊或基于概率模型的聚类情况下，EM 算法从初始参数集出发，并且迭代直到不能改善聚类，即直到聚类收敛或改变充分小，模糊聚类或基于概率模型的聚类的 EM 步骤包括：第一：期望步，根据当前的模糊聚类或概率簇的参数，把对象指派到簇中；第二：最大化步，发现新的聚类或参数，最大化模糊聚类的 SSE 或基于概率模型的聚类的期望似然。

基于概率模型的聚类，使用合适的统计模型以捕获潜在的簇。EM 算法可能收敛不到最优解，而且可能收敛于局部极大，避免局部极大的启发式方法，包括使用不同的随机初始值，运行 EM 过程多次，对于分布很多或数据集只包含很少观测数据点，则 EM 算法的计算开销可能很大。

7.4.2 高维数据聚类

聚类是一种无监督学习的手段，其目的是使相似数据点分布在同一类中，而不同数据点处于不同类中。但是在现实生活中，数据的维度属性可以高达几十，几百甚至上万维（见图 7-14）。高维数据对传统的聚类算法提出了挑战，这是因为传统的距离度量、密度度量、相似性度量均需要针对高维数据的特点做出调整。高维数据聚类的难点在于：① 适用于普通数据集合的聚类算法，在高维数据集合中效率极低。② 由于高维空间的稀疏性以及最近邻特性，高维的空间中基本不存在数据簇。

高维数据聚类的聚类算法主要有 3 种：子空间聚类、双聚类和维归约。

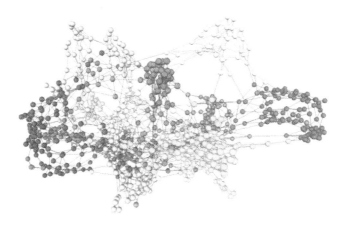

图 7-14　高维数据聚类

1）子空间聚类方法

子空间搜索方法为聚类搜索各种子空间,其中簇是在子空间中彼此相似的对象的子集,相似性测量使用传统的方法,如距离或密度。比如基于相关性的聚类方法,使用 PCA 导出新的、不相关的维集合,然后在新的空间或它的子空间中挖掘簇,除 PCA 外,还可以使用 Hough 变换或分形维,都是空间变换技术。

2）双聚类方法

双聚类方法通常在基因数据表达和推荐系统中有应用。双聚类是同时分析对象和属性,结果簇是双簇,要求只有一个小对象集参与一个簇、一个簇只涉及少数属性、一个对象可以参与多个簇或完全不参与任何簇、一个属性可以被多个簇涉及或完全不被任何簇涉及。在含噪声的数据中发现双簇的方法包括:① 基于最优化的方法执行迭代搜索,在每个迭代中,具有最高显著性得分的子矩阵被识别为双簇,这一个过程在用户指定的条件满足时终止,考虑到计算开销,通常使用贪心搜索,找到局部最优的双簇,代表性算法是 δ-簇;② 枚举方法使用一个容忍阈值指定被挖掘的双簇对噪声的容忍度,并试图枚举所有满足要求的双簇的子矩阵,代表性算法是 Maple 算法。

3）维归约

高维数据的维归约方法是构造一个新的空间,而不是使用原数据空间的子空间。例如谱聚类方法就是这种思路,通过对数据生成相似矩阵,再进行特征值分解,选择前 K 个特征向量,然后在新空间聚类,之后投影回原数据。谱聚类大致过程包括:① 使用距离算法计算相似矩阵;② 用相似矩阵导出对角矩阵;③ 找出对角矩阵的 K 个特征向量(K 为簇的个数,它远远小于属性的个数);④ 用 K 个特征向量,将原始数据投影到 K 个特征向量空间;⑤ 在新的特征空间用 K-均值进行聚类。最后,根据变换后的点被分配到第四步得到的簇、把原始数据分配到这些簇,新空间的维度等于簇的个数 K。

7.4.3　图和网络数据聚类

图和网络型数据日益广泛,例如在顾客-商品的数据库中,可以把每个顾客和每个商品看作是一个顶点,顾客买了某商品用线连接,这样形成图,可以将商品聚类用于推荐系统。在 Web 搜索引擎等领域中,网络(见图 7-15)给出了对象(顶点)和它们之间的联系(边),但没有明确定义维和属性,通过对此类数据进行聚类分析就是要提取有价值的知识和信息,此类数据聚类通常存在相似性度量和有效聚类模型设计等实际挑战。

图 7-15　网络型数据聚类

图 7-15 中的顶点表示样本点、边表示样本点的相似度,聚类的过程是对顶点进行划分。$G(V, E)$ 表示 $V=\{v_1, v_2, \cdots, v_m\}$ 无向图,为点的集合,E 为边集,W 为权重,W_{ij} 表示节点 i 和 j 之间相似度。图的划分是将图完全划分成若干个子图,子图之间无交集。

$$G_1 \bigcup \cdots \bigcup G_k = G \qquad (7-8)$$

$$G_i \bigcap G_j = \varnothing \qquad (7-9)$$

划分要求:同子图内的点相似度高,不同子图间的点相似度低。由划分要求,其损失函数为 $\mathrm{Cut}(G_1, G_2) = \sum_{i \in G_1, j \in G_2} w_{ij}$,所以这里的目标就是最小化这个损失函数。

图数据聚类目标切割图成为若干片,每片就是一个簇,使得簇内的顶点很好地互连,而不同的顶点以很弱的方式连接。割是图 G 的顶点 V 的一个划分,割的割集是边的集合,割的大小是割集的边数,割的稀疏性定义为割的大小或连接割两边簇的最少的那个顶点个数。图聚类问题就归结为寻找最好的割,作为簇来分类。如何在图中找最好的割,如最稀疏的割,存在挑战,如高计算开销、复杂的图、高维性、稀疏性。图聚类的方法有两类:一类是使用聚类高维数据的方法,如谱聚类;另一类是专门用于图的方法,如 SCAN、搜索图,找出良连通的成分作为簇。

下面重点介绍一下谱聚类算法,谱聚类是一种基于图论的聚类方法,通过对样本数据的拉普拉斯矩阵的特征向量进行分析来完成聚类。谱聚类是从图论中演化出来的算法,后来在聚类中得到了广泛的应用。它的主要思想是把所有的数据看作空间中的点,这些点之间可以用边连接起来。距离较远的两个点之间的边权重值较低,而距离较近的两个点之间的边权重值较高,通过对所有数据点组成的图进行切图,让切图后不同的子图间边权重和尽可能的低,而子图内的边权重和尽可能的高,从而达到聚类的目的,谱聚类算法流程:

(1) 计算拉普拉斯矩阵 $L = D - W$。其中,W 为邻接矩阵即权重矩阵,W 为对称矩阵,且主对角线元素都为 0;D 为度矩阵,为 0,当 $i! = j$ 时,D_{ij} 否则 D_{ii} 是以 i 为一顶点的所有边权重之和;L 为半正定矩阵(即所有特征值非负值),最小特征值为 0,且对应的特征向量为单位向量 $[1, 1, \cdots, 1]^{\mathrm{T}}$。

(2) 计算 L 的特征值与特征向量 $Ve = \{v_{e1}, v_{e2}, \cdots, v_{en}\}$。

(3) 取出最小的前 K 个特征值对应的特征向量构成一个矩阵 $V = \{v_1, v_2, \cdots, v_k\}$,将矩阵的每一行看作一个样本点并对其进行 K-means 聚类,得到 K 个簇。

谱聚类算法的应用如操作实例 7-2 所示。

操作实例 7-2 谱聚类算法应用

如图 7-16 所示,包括 6 个节点,其中边表示节点之间的相似度,下面按照谱聚类算法进行聚类,核心计算过程如下:

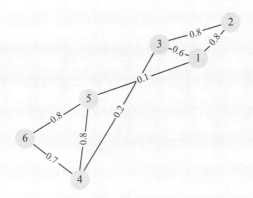

图 7-16 图 G 节点及边关系

1. 计算得到邻接矩阵 W(见表 7-1)

表 7-1 邻接矩阵 W 列表

i/j	1	2	3	4	5	6
1	0	0.8	0.6	0	0.1	0
2	0.8	0	0.8	0	0	0
3	0.6	0.8	0	0.2	0	0
4	0	0	0.2	0	0.8	0.7
5	0.1	0	0	0.8	0	0.8
6	0	0	0	0.7	0.8	0

2. 计算得到度矩阵 D（见表 7-2）

表 7-2　度矩阵

i/j	1	2	3	4	5	6
1	1.5	0	0	0	0	0
2	0	1.6	0	0	0	0
3	0	0	1.6	0	0	0
4	0	0	0	1.7	0	0
5	0	0	0	0	1.7	0
6	0	0	0	0	0	1.5

3. 计算得拉普拉斯矩阵 L（见表 7-3）

表 7-3　拉普拉斯矩阵

i/j	1	2	3	4	5	6
1	1.5	−0.8	−0.6	0	−0.1	0
2	−0.8	1.6	−0.8	0	0	0
3	−0.6	−0.8	1.6	−0.2	0	0
4	0	0	−0.2	1.7	−0.8	−0.7
5	−0.1	0	0	−0.8	1.7	−0.8
6	0	0	0	−0.7	−0.8	1.5

由计算 L 的次小特征向量，由聚类按其值的正负分成了两类，其中 1、2、3 节点是一类，4、5、6 是另一类，从图 7-15 也大致可以看出节点的分类关系，节点 1、2、3 之间内部相似度较高，4、5、6 节点相互之间的相似度较高。

表 7-4　聚类结果

特征向量	节点
−0.408	1
−0.442	2
−0.371	3
0.371	4
0.405	5
0.445	6

习　题

1. 简述聚类概念。
2. 简述 K-means 算法原理。

3. 简述层次聚类主要思想。

4. 举例聚类分析在市场营销、生产制造、运营管理中的应用。

5. 选择一种聚类算法,编程实现异常值识别。

6. 简述模糊聚类原理。

7. 简述基于概率聚类主要思想。

8. 简述谱聚类算法的主要过程和原理。

第 8 章

文本分析

📝 **本章知识点**

（1）掌握文本分析的定义和关键步骤。

（2）掌握自然语言处理基础技术：分词、词法分析、句法分析、语义分析、语用分析与篇章分析。

（3）理解文本挖掘的概念与主要任务。

（4）理解情感分析的概念与主要任务。

（5）了解文本可视化概念与可视化方法。

在现实生活中存在着大量的文本信息，例如：研究论文，书籍，Web 页面，电子邮件，新闻文本等。商务领域的信息中大部分数据也是以文本形式（比如商务论坛、研究报告和财经新闻等）存在的一种非结构化数据。这些文本信息中蕴含了大量未被利用的信息，如果能够合理有效地被利用，将为理解市场发展、提升业务水准提供一个全新的思路。

产品推荐是基于客户买卖行为剖析的交叉销售，该方法是亚马逊（Amazon）的发明，产品推荐为 Amazon 等电子商务公司赢得了近 1/3 的新增商品买卖。产品推荐除了可分析客户信息、客户买卖历史、客户置办过程的行为轨迹等客户推荐产品外，还可以分析客户在微博、微信、社区里的评论和观念等文本数据，为客户推荐他喜欢的，或者是圈子盛行的，推荐给他朋友的相关产品。

8.1 基本概念

文本分析是指以文本数据集合为对象，发现其中隐含的、以前未知的、潜在有用的模式的过程。文本挖掘作为一门交叉学科，涉及数据挖掘、机器学习、模式识别、人工智能、统计学、计算机技术、语言学等多个领域。

传统的数据挖掘所处理的数据一般都是结构化数据，而文本分析处理的文本数据大多都是半结构化或非结构化的数据。因此，在进行文本分析的过程中的首要问题是利用自然语言处理技术，对文本分析的数据对象进行相应的处理，以在计算机中合理的表示，为进行文本挖掘提供合适的数据。

根据文本分析的需求,进行文本分析通常包括以下四个关键步骤(见图 8 - 1)。

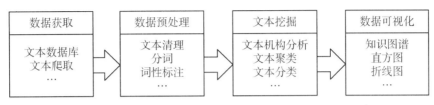

图 8 - 1 文本分析关键步骤

第一步:文本数据获取。

收集要分析的文本数据是文本分析的首要任务,包括对数据的定义、筛选、获取和存储原始数据等。数据来源包含文本数据库、网页(博客,新闻等)和在线评论等,可以采用内部提供的数据获取方式或采用外部获取方式(如爬虫)等方式获取。

第二步:文本数据预处理。

数据获取之后,采用适当的方式对数据进行整理,为下步进行数据挖掘做好准备。文本数据预处理常用的方法包括:文本清理、文本分词、文本特征提取、词频统计、文本向量化等。

第三步:挖掘分析。

文本挖掘是从文本数据中获取有价值的信息和知识,它是数据挖掘中的一种方法。文本挖掘中最基本的应用是实现文本的分类和聚类,前者是有监督的挖掘算法,后者是无监督的挖掘算法。

第四步:数据可视化。

可视化是将数据转换为有深层次价值信息的过程,以图形、图像、表格和其他直观的表达形式表示数据的过程。

8.2　自然语言处理

"自然语言"即是人们日常交流使用的语言(包括文本和语音等)。自然语言处理(Natural Language Processing,NLP):是利用计算机技术开发的软件,或采用计算机语言编写的代码等,对人类语言进行分析处理的过程。自然语言处理是一门包含了语言学、计算机科学、心理学、统计学等多门学科的交叉学科。自然语言处理(NLP)被广泛地应用于生活的各个方面,如:语音识别、语音翻译、信息检索、信息抽取、自动对答等。

8.2.1　自然语言处理的发展

自然语言处理的发展先后经历了两个阶段:规则阶段和统计方法阶段。

1. 规则方法阶段

1950 年图灵提出了著名的"图灵测试",这一般被认为是自然语言处理思想的开端,20 世纪 50 年代到 70 年代自然语言处理主要采用基于规则的方法,研究人员认为自然语言处理的过程和人类学习认知一门语言的过程是类似的。可以用规则的方法预先准备好先验知识，然后用统计的方法来处理未知的情况，把一些人工经验放入规则库。

基于规则的方法具有不可避免的缺点：首先，规则不可能覆盖所有语句；其次，该方法对开发者的要求极高，开发者不仅要精通计算机还要精通语言学。因此，这一阶段虽然解决了一些简单的问题，但是无法从根本上将自然语言理解实用化。

2. 统计方法阶段

20世纪70年代以后随着互联网的高速发展，丰富的语料库成为现实，而伴随硬件条件的不断更新完善，自然语言处理开始由理性主义向经验主义过渡，基于统计的方法逐渐代替了基于规则的方法。如果说规则方法是基于计算机逻辑的理性思维，统计方法就是基于经验主义的处理方法。该方法使用概率或随机的方法来研究语言、建立语言的概率模型。贾里尼克和他领导的IBM华生实验室是推动这一转变的关键，他们采用基于统计的方法，将当时的语音识别率从70%提升到90%。

统计方法的优点：

（1）该方法的成效主要依赖于语言数据的规模，训练的语言数据越多，其效果就越好。

（2）该方法非常适合用来模拟有不精确的、细微差别的、模糊的概念，这些概念在传统语言学中需要使用模糊逻辑才能处理。

（3）该方法可以与规则方法结合使用，用于处理语言中各种约束条件问题。

统计方法也同样存在不足之处，比如其运行的时长与符号类别的多少是线性增长关系。因此，当处理一些特殊领域的数据时，容易出现数据稀疏的问题。

8.2.2 自然语言处理基础技术

文本分析过程中的一个重要挑战就是，多数情况下文本是一种非结构化的数据。因此，进行文本分析的过程中首先需要对文本数据进行相关的自然语言处理，包括分词、词法分析、句法分析、语义分析、语用分析与篇章分析等一系列的处理。

（1）分词是通过计算机技术将连续的字符序列按照一定的规范重新转换为词序列的过程。在中文中由于只有字、句和段能采用了明显的分界符来进行划界，而在词语上没有明显的分界符，因此需要采用分词技术进行词语的划分。然而，在英文文本中的单词之间以空格作为分界符，可以直接采用空格对单词进行划分。但是，在短语的划分则与中文类似需要采用词组的划分技术。分词主要采用基于词典的构造和基于分词算法等两种方法。

（2）词法分析一般包括词性标注和词义标注两大基础功能。词性标注是在给定句子中判断每个词的语法范畴，确定其词性并进行标注。词义标注主要是解决如何确定多义词在具体语境中的词义问题。词法分析通常采用基于规则和基于统计两种方法。

（3）句法分析主要是确定句子的句法结构和组成句子的各个成分，明确它们之间的相互关系。句法分析通常有完全句法分析和浅层句法分析两种。① 完全句法分析是通过一系列的句法分析过程最终得到一个句子的完整的句法树，存在两个难点：一是词性歧义；二是搜索空间太大通常是句子中词的个数 n 的指数级。② 浅层句法分析又叫部分句法分析或语块分析，只要求识别出句子中某些结构相对简单的成分，如动词短语、非递归的名词短语等,这些结构被称为语块。一般来说,浅层语法分析会完成语块的识别和分析,以及语块之间依存关系的分析两个任务,其中语块的识别和分析是浅层语法分析的主要任务。

(4)语义分析是根据句子的句法结构和句子中每个实词的词义推导出能反映该句子意义(即句义)的某种形式化表示,即将人类能够理解的自然语言转化为计算机能够理解的形式语言。语义信息的获取需要进行词义消歧,其基本思路是对每个需要消歧的多义词先逐个找出其所在的上下文特征,根据这个特征来确定特定语境中词义的选择。

(5)语用分析是研究和分析语言使用者的真正用途,它与使用者的知识状态、言语行为、语境、意图和想法等有关联。语用分析用于分析和研究语言使用者的真正意图,是对自然语言的深层理解。语境分析主要关注文化语境和情景语境。

(6)篇章分析是将研究扩展到句子界限之外,对文章段落和全篇进行理解和分析。

8.3 文本挖掘

在文本分析中的一个重要组成部分是文本挖掘,即在大量的文本内容中发现关系和有趣模式的过程。文本挖掘(Text Mining):是抽取有效、新颖、有用、可理解的、散布在文本文件中的有价值知识,并且利用这些知识更好地组织信息的过程。文本挖掘利用数据挖掘的算法,如神经网络、基于案例的推理、可能性推理等,并结合文字处理技术,分析大量的非结构化文本源(如文档、电子表格、电子邮件、网页等),抽取或标记关键字概念、文字间的关系,并按照内容对文档进行分类,获取有用的知识和信息。

文本挖掘作为一个多学科交叉的领域,涵盖了多种技术,包括数据挖掘技术、信息抽取、信息检索、机器学习、自然语言处理、计算语言学、统计数据分析、线性几何、概率理论甚至还有图论。本节将依据文本挖掘的主要任务数据获取、数据预处理、挖掘方法等进行阐述。

8.3.1 文本数据获取

在进行数据分析之前,首先要进行文本数据的收集。该阶段中,需要调查问题,理解必要的数据源,形成初步的假设。电子文本一般以文本数据库、网页等形式存在,其中文本数据库可以采用内部获取的方式进行获取,而网页文本的获取需要使用网络爬虫进行网页的解析,从而获取用户感兴趣的数据。

网络爬虫是一个软件程序又称网络机器人,可以代替手工自动地在互联网中进行数据信息的采集与整理,它能依据目标链接系统浏览万维网、下载网页、提取有用的信息,然后进行存储。因此,当需要从网页上获取信息时,可以自行编写爬虫爬取相关的信息。但是,由于网站之间的结构往往是不同的,即便是同一个网站它的结构也会随着时间发生改变,因此几乎不可能写一个通用的网络爬虫。

网络爬虫的基本工作流程:

(1)首先选取种子 URL(统一资源定位器)。在万维网上,每一条信息资源都有统一的且在网上唯一的地址,该地址称为 URL。

（2）将这些 URL 放入待爬取 URL 队列。

（3）从待爬取 URL 队列中取出待爬取 URL，进行解析，并将 URL 对应的网页下载下来，存储进已下载网页库中。此外，将这些 URL 放进已爬取 URL 队列。

（4）分析已经爬取的 URL 对应的网页数据，提取其中的 URL 数据，分析其他 URL，并且将 URL 放入待爬取 URL 队列，从而进入下一个爬取的循环。

在爬虫系统中，待爬取 URL 队列是很重要的一部分。待爬取 URL 队列中的 URL 以什么样的顺序排列也是一个很重要的问题，因为这涉及先爬取那个页面，后爬取哪个页面。而决定这些 URL 排列顺序的方法，叫作爬取策略。下面介绍几种常见的爬取策略。

① 深度优先遍历策略。深度优先遍历策略是指网络爬虫从获取的起始页开始，依据链接的前后次序，从一个链接到另一个链接跟踪下去，处理完这条线路之后再转入下一个起始页，继续跟踪链接。

② 宽度优先遍历策略。宽度优先遍历策略的基本思路是，将新下载网页中发现的链接直接插入待爬取 URL 队列的末尾。网络爬虫会先爬取起始网页中链接的所有网页，然后再选择其中的一个链接网页，继续爬取在此网页中链接的所有网页。

③ 反向链接数策略。反向链接数是指一个网页被其他网页链接指向的数量。反向链接数表示的是一个网页的内容受到其他人的推荐的程度。因此，很多时候搜索引擎的爬取系统会使用这个指标来评价网页的重要程度，从而决定不同网页的爬取先后顺序。在真实的网络环境中，由于广告链接、作弊链接的存在，反向链接数不能完全等同于重要程度。因此，搜索引擎往往考虑一些可靠的反向链接数。

④ Partial PageRank 策略。Partial PageRank 算法借鉴了 PageRank 算法的思想：对于已经下载的网页，连同待爬取 URL 队列中的 URL，形成网页集合，计算每个页面的 PageRank 值，计算完之后，将待爬取 URL 队列中的 URL 按照 PageRank 值的大小排列，并按照该顺序爬取页面。

每次爬取一个页面，就需要重新计算 PageRank 值。但是，通常会采用一种折中方案，即每爬取 K 个页面后，重新计算一次 PageRank 值。但是这种情况还会有一个问题：对于已经下载下来的页面中分析出的链接，也就是之前提到的未知网页部分，暂时是没有 PageRank 值的。为了解决这个问题，会给这些页面一个临时的 PageRank 值：将这个网页所有入链传递进来的 PageRank 值进行汇总，这样就形成了该未知页面的 PageRank 值，从而参与排序。

⑤ OPIC 策略。该算法实际上也是对页面进行一个重要性打分。在算法开始前，给所有页面一个相同的初始现金（cash）。当下载了某个页面 P 之后，将 P 的现金分摊给所有从 P 中分析出的链接，并且将 P 的现金清空。对于待爬取 URL 队列中的所有页面按照现金数进行排序。

在爬取数据的过程中可以利用正则表达式，从返回的页面内容提取出想要的内容。正则表达式是对字符串操作的一种逻辑公式，利用事先定义好的一些特定字符及特定字符的组合，组成一个"规则字符串"。通过"规则字符串"实现对字符串的一种过滤逻辑。因此，正则表达式可以有效而且高效地在文本中找到匹配特定模式的单词或字符串。常用的正则表达式示例如表 8-1 所示。

表 8-1　常用正则表达式

符号	说明	表达式实例	完整匹配的字符串案例
.	匹配任意字符,换行符\n 除外	a. c	abc
*	匹配前一个字符 0 次或无限次	abc *	ab abcccc
+	匹配前一个字符 1 次或无限次	abc+	abc abcccc
?	匹配前一个字符 0 次或 1 次	abc?	ab abc
^	匹配字符串开头 在多行模式中匹配每一行的开头	^abc	abc
$	匹配字符串末尾 在多行模式中匹配每一行的末尾	abc $	abc
()	括号内的数据作为结果返回	(abc)	abc
{m}	匹配前一个字符 m 次	ab{2}c	abbc

无论数据是从文本数据库还是网上获取,很有可能获取的都是非结构化或半结构化的数据,因此获取后还需要进一步进行数据预处理。

8.3.2　文本数据预处理

通过数据获取,已经获得了一些原始的文本数据。需要对文本数据进行预处理使文本更为规范化,同时用更加结构化的方法进行表示,为进行数据挖掘提供分析数据。主要包括文本清理、文本分词、去除停用词、文本特征提取、文本向量化等五个方面。

1. 文本清理

文本清理是针对数据中的任何不必要或不需要的无关信息和重复信息进行删除操作,噪声数据进行平滑操作,对缺失值和异常值进行处理等。例如,替换一些指定的字符数据,去除文本中大量重复的无用符号;针对来自爬虫获取的数据,文本中常常会附带有HTML 标签、URL 地址等非文本内容也要进行清理。此外,还需要过滤掉剩余文本当中诸如广告内容、版权信息和个性签名的部分等,不作为特征被模型所学习的无意义的文本。

2. 文本分词

文本分词是预处理过程中必不可少的一个操作,因为后续的分类操作需要使用文本中的词来表征文本。文本分词主要包括两种方法:基于词典的构造和基于分词算法的操作。

(1)基于词典的构造方法是按照一定策略将待分析的字符串与一个"词典"中的词条进行匹配,若在词典中找到某个字符串,则匹配成功。按照扫描方向的不同又分为正向匹配、逆向匹配和双向匹配;按照长度的不同分为最大匹配和最小匹配。

正向最大匹配思想是从左向右提取待分词的语句的 m 个字符作为匹配字段,m 为词典中最长词条的长度。查找词典并进行匹配,若匹配成功,则将这个匹配字段作为一个词分出来。若匹配不成功,则将这个匹配字段的最后一个字去掉,剩下的字符串作为新的匹配字段,进行再次匹配,重复以上过程,直到划分出所有词为止。

逆向最大匹配思想是正向最大匹配的逆向思维,匹配不成功,将匹配字段的最前一个字去掉。

双向最大匹配的思想是将正向最大匹配法得到的分词结果和逆向最大匹配法得到的结果进行比较,从而决定正确的分词方法。

(2) 基于分词算法的分词方法主要包括:基于马尔科夫链(HMM)、基于条件随机场(CRF)、基于长短时记忆网络(LSTM)等分词算法进行分词操作。

文本分词后需要进行词性标注,为识别出的词语分配语法类别,包括名词、动词、形容词和副词等。

3. 去除停用词

停用词是指那些对文本特征没有任何贡献作用的词,比如:是、吗、啊、的、你、我等。此外,也包括一些标点符号。这些词或符号虽然在文本中都会大量的存在,但是对于反映文本的意义作用不大。这些词的引入只会增加数据分析的规模,而对于进行文本分析的意义不大。因此,在文本分析的时候不需要引入,需要在分词之后去掉。当然,针对不同的应用还有很多其他词性的词语也是可以去掉的,比如形容词等。

4. 文本特征提取

通过分词操作文本转变为词的集合,但是这不能说文本中的每一个词都能够100%表征该文本,只能说其中的词能以某种程度来表征该文本,因此需要针对获取的词提取特征词。词频是一种最简单的表征方式,如果一个词在文本中出现的频率很高,那么这个词就越有可能表征该文本。这个程度也可采用概率进行衡量,概率越大,说明这个词越能表征该文本;反之则越不能表征该文本,当概率小于某一阈值时,则该词可以被舍弃。

表征的概率目前有两种使用比较广泛的方法,一种是差方统计(概率越小越好);另一种是信息增益(概率越大越好)。

在文本挖掘与文本分类的有关问题中,常采用特征选择方法。因为文本的特征一般都是单词(term),具有语义信息,使用特征选择找出的k维子集,仍然是以单词作为特征,保留了语义信息,而特征提取则找k维新空间,将会丧失了语义信息。

在解决一个实际问题的过程中,选择合适的特征或者构建特征的能力特别重要,称为特征选择或者特征工程。特征选择是一个很需要创造力的过程,更多地依赖于直觉和专业知识,并且有很多现成的算法来进行特征的选择。对于一个语料而言,可以统计的信息包括文档频率和文档类比例,所有的特征选择方法均依赖于这两个统计量。目前,文本的特征选择方法主要有 DF、TF-IDF、MI、IG、CHI、WFO 等。

(1) 文档频率(document frequency,DF)。DF 统计特征词出现的文档数量,用来衡量某个特征词的重要性。如果某些特征词在文档中经常出现,那么这个词就有可能很重要,而对于在文档中出现次数很少(如仅在语料中出现 1 次)的特征词,携带了很少的信息量,甚至是"噪声"。该方法仅考虑了频率因素,因此 DF 方法将会引入一些没有意义的词。如:文档中的停顿词等常用词,常常具有很高的 DF 得分,但是,这样的词对表征文档并没有太大的意义。

(2) 词频-逆文档频率(term frequency-inverse document frequency,TF-IDF):TF-

IDF 用以评估一个词对于一个文本集或一个语料库中的其中一个文本的重要程度,一个词的重要程度跟它在文本中出现的次数成正比,也跟它在文本集或语料库中出现的次数成反比。这种计算方式能有效避免常用词对特征词的影响,提高了特征词与文本之间的相关性。

(3)互信息(mutual information,MI):互信息法用于衡量特征词与文档类别直接的信息量。如果某个特征词的频率很低,那么互信息得分就会很大,因此互信息法倾向"低频"的特征词。相对的词频很高的词,得分就会变低,如果这词携带了很高的信息量,互信息法就会变得低效。

(4)信息增益(information gain,IG):IG 通过衡量某个特征词在缺失与存在的两种情况下,根据语料中前后信息的增加,来衡量某个特征词的重要性。

(5)卡方检验(Chi-square,CHI):CHI 利用了统计学中的"假设检验"的基本思想:首先假设特征词与文档是不直接相关的,如果利用 CHI 分布计算出的检验值偏离阈值越大,那么更有信心否定原假设,接受原假设的备则假设:特征词与文档有着很高的关联度。

(6)加权频率和可能性(weighted frequency and Odds,WFO):该方法由李寿山老师提出。李寿山老师认为,"好"的特征应该具备"好的特征应该有较高的文档频率""好的特征应该有较高的文档类别比例"等特点。不同的语料,一般来说文档词频与文档的类别比例起的作用应该是不一样的,WFO 方法可以通过调整参数,找出一个较好的特征选择依据。

在以上方法中,TF-IDF 作为常用的文本特征选择方法,由 Salton 于 1973 年提出,作为一种经典的统计方法,至今仍被广泛运用在文本特征选择与量化权重中。TF-IDF 的主要思想是:如果某个词或短语在一篇文章中出现的频率 TF 高,并且在其他文章中很少出现,则认为此词或者短语具有很好的类别区分能力,适合用来分类。

TF-IDF 包含两个部分,其中,TF 为词频(term frequency),代表词在文档 d 中出现的频率。通常该值是对词数的归一化,以防止它偏向长的文档。因为,同一个词语在长文档里可能会比短文档的出现次数更高,而与该词语重要与否无关。因此,对于在某一特定文档里的词语来说,它的重要性可表示为

$$TF_{ij} = \frac{n_{ij}}{\sum_k n_{kj}} \tag{8-1}$$

其中,分子是该词在文档中的出现次数,而分母则是在文档中所有字词的出现次数之和。

IDF 为逆文档频率(inverse document frequency),如果包含词 t 的文档越少,也就是 n 越小,IDF 就越大,则说明词条 t 具有很好的类别区分能力。如果某一类文档 C 中包含词 t 的文档数为 m,而其他类包含 t 的文档总数为 k,显然所有包含 t 的文档数 $n=m+k$,当 m 大的时候,n 也大,得到的 IDF 的值就会小,这说明该词 t 类别区分能力不强,如

$$IDF_i = \lg \frac{|D|}{|\{j : t_i \in d_j\}|} \tag{8-2}$$

其中,$|D|$ 为语料库中的文件总数;$|\{j : t_i \in d_j\}|$ 为包含词语的文件数目。如果该词语不在语料库中,就会导致分母为零,因此在一般情况下,使用 $1 + |\{d \in D : t \in d\}|$ 作为分母。

如果一个词在一个类的文档中频繁出现,则说明该词条能够很好地代表这个类的文本的特征,这样的词应该给它们赋予较高的权重,并选作为该类文本的特征词以区别与其他类文档。但是,通常一些停顿词、形容词等通用性词语往往具有较高的词频,为了避免这种不足之处,引入了逆文本频率的概念,以 TF 和 IDF 的乘积作为特征空间坐标系的取值测度,并用它完成对权值 TF 的调整,调整权值的目的在于突出重要单词,抑制次要单词。如

$$\text{TF-IDF}_{ij} = \text{TF}_{ij} \times \text{IDF}_i \tag{8-3}$$

TF-IDF$_{ij}$ 为词 i 在文档类 j 中的 TF-IDF 值,TF$_{ij}$ 为词 i 在文档 j 中的词频,ICF$_i$ 为词 i 的逆文档类频率。通过 TF-IDF$_{ij}$ 某一特定文档内的高词语频率,以及该词在整个文档集合中的低文档频率,可以产生出高权重的 TF-IDF。由此,TF-IDF 倾向于过滤掉常见的词语,保留重要的词语。通过处理后将得到一个词的特征向量,不过每个元素应该是一个 $[0,1]$ 的实数,表示一个概率。

假如一篇文档的总词语数是 1 000 个,而词语“计算机”出现了 10 次,那么“计算机”一词在该文档中的词频就是 $10/1\,000=0.01$。计算 IDF 的方法是文档集合中包含的文档总数除以包含“计算机”一词的文档的数量。所以,如果“计算机”一词在 100 篇文档中现过,而文档集合中的文档总数是 10 000 篇的话,其逆文档频率就是 $\lg(10\,000/100)=2$。最后的 TF-IDF 的得数为 $0.01*2=0.02$。

5. 文本向量化

将文本进行空间向量化,即用数学上的多维特征向量来表示一个文本,将信息数值化,从而便于进行建模分析。首先,将关键的词作为文本特征;接下来,进行句子表示,最直接的方式就是统计词频;然后,将每一个句子或者文本篇章按照每一个特征出现的频率进行统计,这样处理后将得到句子或者文档对应的一个特征向量,向量的每个元素便是对应特征词的出现频数。同时,词频也是构造文本空间向量模型的必要元素。文本向量化,按照粒度可以分为词语的向量表达,短文本的向量表达,长文本的向量表达,不同的情景需要用到不同的方法和处理方式。文本向量化分为离散表示和分布式表示。

1) 离散表示

离散表示的典型代表就是词袋模型,即不考虑词语原本在句子中的顺序,直接将每一个词语或者符号按照计数的方式,即出现的次数来进行统计。统计词频只是最基本的方式,也可以采用词的独热表示(One-hot Representation),用每一个词作为维度,有词对应的位置为 1,其他为 0,向量长度和词典大小相同。在选取不同的词作为维度特征的时候,需要先去除停用词,又涉及特征选择的问题,并不是所有的词都适合拿来用。一般会根据 TF-IDF 值或者词频等,做一些简单的过滤,也可以采用信息增益,互信息,卡方统计等选取特征。

2) 分布式表示

Harris 在 1954 年提出的分布假说(distributional hypothesis)为这一设想提供了理论基础:上下文相似的词,其语义也相似。Firth 在 1957 年对分布假说进行了进一步阐述和明确:词的语义由其上下文决定。分布式模型主要可以分为三类:基于矩阵的分布表示、基于聚类的分布表示和基于神经网络的分布表示。

（1）基于矩阵的分布表示。

该类方法需要构建一个"词-上下文"矩阵，从矩阵中获取词的表示。在"词-上下文"矩阵中，每行对应一个词，每列表示一种不同的上下文，矩阵中的每个元素对应相关词和上下文的共现次数。在这种表示下，矩阵中的一行，就成了对应词的表示，这种表示描述了该词的上下文的分布。由于分布假说认为上下文相似的词，其语义也相似，因此在这种表示下，两个词的语义相似度可以直接转化为两个向量的空间距离。

（2）基于聚类的分布表示。

该方法根据两个词的公共类别判断这两个词的语义相似度。最经典的方法是布朗聚类（Brown clustering），是一种自底层向上的层次聚类算法，基于 n-gram 模型和马尔科夫链模型。布朗聚类作为一种硬聚类，每一个词都在且只在唯一的一个类中。布朗聚类的输入是一个语料库，这个语料库是一个词序列，输出是一个二叉树，树的叶子节点是一个词，树的中间节点是类别。初始的时候，将每一个词独立分成一类，然后，将两个类合并，使得合并之后评价函数最大，然后不断重复上述过程，达到想要的类别数量为止。

（3）基于神经网络的分布表示。

基于神经网络的分布表示一般称为词向量、词嵌入（word embedding）或分布式表示（distributed representation）。神经网络词向量表示通过神经网络技术对上下文，以及上下文与目标词之间的关系进行建模。由于神经网络较为灵活，这类方法的最大优势在于可以表示复杂的上下文。在前面基于矩阵的分布表示方法中，最常用的上下文是词，如果使用包含词序信息的 n-gram 作为上下文，当 n 增加时，n-gram 的总数会呈指数级增长，此时会遇到维数灾难问题。而神经网络在表示 n-gram 时，可以通过一些组合方式对 n 个词进行组合，参数个数仅以线性速度增长。有了这一优势，神经网络模型可以对更复杂的上下文进行建模，在词向量中包含更丰富的语义信息。

尽管这些不同的分布表示方法使用了不同的技术手段获取词表示，但由于这些方法均基于分布假说，它们的核心思想也都由两部分组成：一、选择一种方式描述上下文；二、选择一种模型刻画某个词与其上下文之间的关系。

该类方法用特征来表示，通过利用上下文信息，或者更具体一点，与一个词前后相邻的若干个词，来提取出这个词的特征向量。分布式表示非常强大，因为能够用具有 k 个值的 n 个特征去描述 k^n 个不同的概念。该类方法的特点包括：① 不直接考虑词与词在原文中的相对位置、距离、语法结构等，先把每个词看作一个单独的向量。② 根据一个词在上下文中的临近词的含义，可以归纳出词本身的含义。③ 单个词的词向量不足以表示整个文本，能表示的仅仅是这个词本身。

8.3.3 文本挖掘方法

经文本预处理后，接下来可以开展文本数据挖掘工作。常用的文本挖掘技术有：文本结构分析、文本摘要、文本分类、文本聚类、文本关联分析、分布分析和趋势预测等。本节介绍常用的文本聚类与文本分类方法。

1. 文本聚类

文本聚类（Text clustering）：又称文档聚类，主要是依据同类的文档相似度较大，而不同类的文档相似度较小的聚类假设,实现文本数据的信息分组。作为一种无监督的机器学习方法,聚类由于不需要训练过程,以及不需要预先对文档手工标注类别,因此,具有一定的灵活性和较高的自动化处理能力。聚类方法通常有:基于划分的方法、基于层次的方法、基于网格的方法、基于密度的方法、基于模型的方法等。

(1)基于划分的方法(partitioning methods):给定一个有 N 个元组或者纪录的数据集,采用分裂法构造 K 个分组,每一个分组代表一个聚类,且 $K<N$。K 个分组应满足下列条件:每一个分组至少包含一个数据纪录;每一个数据纪录属于且仅属于一个分组;对于给定的 K,算法首先给出一个初始的分组方法,以后通过反复迭代的方法改变分组,使得每一次改进之后的分组方案都较前一次更好。所谓好的标准就是:同一分组中的记录越近越好,而不同分组中的纪录越远越好。基于该思想的算法有:K-means 算法、K-MEDOIDS 算法、CLARANS 算法等。

(2)基于层次的方法(hierarchical methods):这种方法对给定的数据集进行层次似的分解,直到某种条件满足为止。具体又可分为"自底向上"和"自顶向下"两种方案。例如,在"自底向上"的方案中,初始时每一个数据纪录都组成一个单独的组,在接下来的迭代中,把相互邻近的组合并成一个组,直到所有的记录组成一个分组或者某个条件满足为止。在"自顶向下"的方案中进行相反的操作,初始时所有数据记录组成一个完整的组,在接下来的迭代中,对距离较远的组进行拆分,直到所有的记录都划分为一个独立的分组或达到某个条件为止。该类算法的代表:BIRCH 算法、CURE 算法、CHAMELEON 算法等。

(3)基于密度的方法(density-based methods):基于密度的方法与其他方法的一个根本区别是:它不是基于各种各样的距离进行聚类的划分,而是基于密度的。这样就能克服基于距离的算法只能发现"类圆形"的聚类的缺点。这个方法的指导思想就是,只要一个区域中的点的密度大于某个给定的阈值,就把它加到与之相近的聚类中去。该类算法的代表有:DBSCAN 算法、OPTICS 算法、DENCLUE 算法等。

(4)基于网格的方法(grid-based methods):这种方法首先将数据空间划分成为有限个单元(cell)的网格结构,所有的处理均以单个的单元为对象。该方法的突出优点就是处理速度快,且通常与目标数据库中记录的个数无关,只与把数据空间分为多少个单元有关。该类算法的代表有:STING 算法、CLIQUE 算法、WAVE-CLUSTER 算法。

(5)基于模型的方法(model-based methods):基于模型的方法给每一个聚类假定一个模型,然后去寻找一个能很好地满足这个模型的数据集。这样一个模型可能是数据点在空间中的密度分布函数。它的一个潜在假定就是:目标数据集是由一系列的概率分布所决定的。通常有两种尝试方向:统计的方案和神经网络的方案。

文本聚类被广泛应用于文本分析中,通过文本聚类可以发现与某文本相似的一批文本,从而帮助知识工作者发现相关知识;文本聚类也可以将一个文本聚类成若干个类,提供一种组织文本集合的方法;文本聚类还可以生成分类器以对文本进行分类。通过文本聚类,可以提供大规模文本集的内容总括;识别隐藏在文本间的相似度;减少浏览相关、相似信息的过程。

该类方法的应用领域包括:① 可以作为多文档自动文摘等自然语言处理应用的预处

理步骤；② 对搜索引擎返回的结果进行聚类，使用户快速定位到所需要的信息；③ 对用户感兴趣的文档（如用户浏览器 cache 中的网页）聚类，从而发现用户的兴趣模式并用于信息过滤和信息主动推荐等服务；④ 聚类技术还可以用来改善文本分类的结果；⑤ 数字图书馆服务；⑥ 用于大数据中热点话题或事件的发现等。

2. 文本分类

文本分类（text classification），又称文档分类（document classification）指的是将一个文档归类到一个或多个类别中的过程。分类和聚类的区别在于：分类是基于已有的分类体系进行的，而聚类则没有预先的分类，只是基于文本之间的相似度。文本自动分类一般采用统计方法或机器学习来实现。常用的方法有：决策树方法、K-最近邻方法、支持向量机方法、朴素贝叶斯分类法以及神经网络方法等。

1）决策树方法

利用树的多枝特征，依据相关的判断规则实现多级分类。一个决策树一般有一个根节点，以及分支、内部节点和叶节点构成，其中内部节点表示文本的特征，而由内部节点产生的分支表示特征到达不同的状态所对应的权重，叶节点表示文本的类别。决策树的构建一般分为4个过程。

（1）建立根节点，将所有训练数据都放在根节点，选择一个最优特征，按这一特征将训练数据集分割成子集，使得各个子集有一个在当前条件下最好的分类。

（2）如果这些子集已经能够被基本正确分类，那么构建叶节点，并将这些子集分到所对应的叶节点去。

（3）如果还有子集不能够被正确的分类，那么就对这些子集选择新的最优特征，继续对其进行分割，构建相应的节点。如此进行递归，直至所有训练数据子集被基本正确的分类，或者没有合适的特征为止。

（4）每个子集都被分到叶节点上，即都有了明确的类，就生成了一棵决策树。

图8-2中某活动是否举行两种分类，可以通过对决策树从上而下进行类别获取。

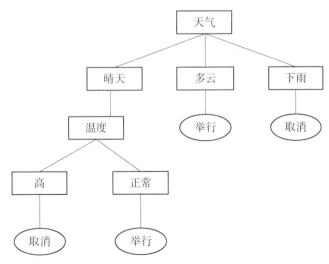

图8-2　某活动举行决策树示意

2）K-最近邻方法

基于K-最近邻方法(k-nearest neighbor classification,KNN)进行文本聚类的思路是指对于测试样本,从训练集中找到和测试样本最接近的 k 条记录,然后根据他们的主要分类来决定测试样本的类别输出。该算法涉及3个主要因素:训练集、距离或相似的衡量、k 的大小。

K-最近邻方法利用"距离"的概念来描述样本间的相似程度。设某一文本的特征向量为(x_1, x_2, $\cdots$, x_n),可以看作一个 n 维的点,计算其与另一个文本(y_1, y_2, $\cdots$, y_n)的距离对两文本的相似程度进行描述。

实现步骤如下:

（1）计算文本之间的距离:确定测试对象,计算它与训练集中的每个对象的距离。

（2）确定 K 个最近邻居:确定距离最近的 K 个训练对象,作为测试对象的最近邻。

（3）确定分类:根据确定的 K 个最近邻的类别归属情况,选择主要类别来确定测试对象的分类。

距离的度量包括欧几里得距离、曼哈顿距离、闵可夫斯基距离、余弦距离等。对于文本分类,采用余弦距离效果一般要比欧几里得距离更好。

3）支持向量机分类法

支持向量机分类法(Support Vector Machine,SVM)是指把各个样本作为空间内的一个点,建立一个最优分类超平面,使得该平面两侧距离该平面最近的两类样本之间的距离最大化,从而对分类问题提供良好的泛化能力。

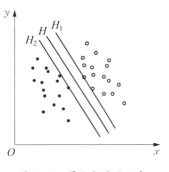

SVM 要解决的问题可以用一个经典的二分类问题加以描述。如图8-3所示,实心点和空心点的二维数据点显然可以被一条直线分开,此称为线性可分问题。然而,可以将这两类数据点分开的直线显然不止一条。图中 H 把两类数据正确的划分为两类,称为分类线。图中的 H_1 和 H_2 分别为穿过两类数据中离分类线最近的样本,并且平行于分类线,H_1 和 H_2 的距离称为两类的分类空隙或分类间隔。所谓的最优分类线,就是要使两类的分类空隙最大。将其推广到高维空间,最优分类线就成为最优分类超平面。

图8-3 最优超平面示意

4）朴素贝叶斯分类方法

朴素贝叶斯分类方法(Naive Bayes Classifier,NBC)与朴素贝叶斯理论相似,方法基于假设给定的文档类语境下,文档属性是相互独立的前提条件。对于某一文档 d_i,它属于文档类 $C\{c_1, c_2, \cdots, c_n\}$ 中的某一类 c_j 的计算方式,如

$$P(c_j \mid d_i) = \frac{P(c_j)P(d_i \mid c_j)}{P(d_i)} \tag{8-4}$$

通过计算文档 d_i 属于不同文档类别的概率,取概率值最大的类别确定为文档 d_i 所属的类。

5）人工神经网络分类方法

人工神经网络分类方法(Artificial Neural Network,ANN)是基于生物学中神经网络

的基本原理,在理解和抽象了人脑结构和外界刺激响应机制后,以网络拓扑知识理论为基础,模拟人脑神经系统对复杂信息的处理机制的一种数学模型。该方法具有很强的自学习性、自组织性、容错性、鲁棒性、联想记忆和推理功能等。

BP神经网络(Back-ProPagation Network)又称反向传播神经网络,是目前比较流行的人工神经网络学习算法。该算法是采用后向传播进行训练的多层感知器网络,一般包含一个输入层、一个输出层和一个隐藏层。算法通过样本数据的训练,不断修正网络权重和阈值使误差函数沿负梯度方向下降,逼近期望输出。由于增加隐藏层的数量不一定能够提高网络的精度和表达能力,因此,一般情况下选用一个隐藏层即可。包含一个隐藏层的后向传播网络也称为三层后向传播网络,如图8-4所示。

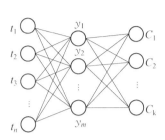

图 8-4 神经网络示意图

对于一段给定的文本及其特征集合,输入层神经元的个数为特征词集中的特征词的数目,输出层神经元的个数设定为文本类别集合中类别的数目。可以定义神经网络的输入层向量中第 i 个分量 t_i 和输出层的第 j 个分量 c_j,即

$$t_i = \begin{cases} 1, \text{特征词 } t_i \text{ 在文本中存在} \\ 0, \text{特征词 } t_i \text{ 不在文本中存在} \end{cases} \tag{8-5}$$

$$c_j = \begin{cases} 1, \text{文本属于类别 } c_j \\ 0, \text{文本不属于类别 } c_j \end{cases} \tag{8-6}$$

文本分类被广泛地应用于文本挖掘中,传统搜索引擎中目录式搜索引擎属于分类的范畴,但是许多目录式搜索引擎都采用人工分类的方法,不仅工作量巨大,而且准确度不高,大大限制了其应发挥的作用。另外,用户在检索时往往会得到成千上万篇文本,这让用户在决定哪些是与自己需求相关时会遇到麻烦,如果系统能够将检索结果分门别类地呈现给用户,则会减少用户分析检索结果的工作量,这是自动分类的另一个重要应用。

文本分类的应用场景非常广泛,具体的应用领域涵盖了垃圾邮件过滤、垃圾评论过滤、自动标签、情感分析等任何需要自动归档文本的场合。

3. 文本挖掘系统的评估办法

评估文本挖掘系统是至关重要的,目前已有许多方法来衡量在这一领域的进展状况,依据采用的挖掘方法不同,涉及的常用评估方法如下。

(1) 分类正确率:通过计算文本样本与待分类文本的概率来得出分类正确率。

(2) 查准率:查准率是指正确分类的对象所占对象集的大小。

(3) 查全率:查全率是指集合中所含指定类别的对象数占实际目标类中对象数的比例。

(4) 支持度:支持度表示规则的重要程度。

(5) 置信度:置信度表示规则的可信程度。

8.3.4 文本挖掘的应用

在以互联网为核心、信息技术快速发展的今天,文本数据作为最重要的网络资源,其中隐含着大量的模式与知识亟待发现与利用。文本挖掘作为数据挖掘的分支,从文本数据中抽取有价值的,事先未知的、可理解、最终可用的信息和知识的过程,被广泛地应用在生活的各个领域中。

(1) 信息检索:主要是利用计算机系统的快速计算能力,从海量文本中寻找用户需要的相关文本。

(2) 信息抽取:信息抽取是把文本里包含的信息进行结构化处理,变成表格一样的组织形式。输入抽取系统的信息是原始文本,输出的是固定格式的信息。

(3) 自动文摘:利用计算机自动从原始文本中提取出文本的主要内容。互联网上的文本信息、机构内部的文本及数据库的内容都在成指数级的速度增长,用户在检索信息的时候,可以得到成千上万篇的返回结果,其中许多是与其信息需求无关或关系不大的文本,如果要剔除这些文本,则必须阅读完全文,这要求用户付出很多劳动,而且效果不好。自动文摘能够生成简短的关于文本内容的指示性信息,将文本的主要内容呈现给用户,帮助用户快速决定是否要阅读文本的原文,这样能够节省大量的浏览时间。简单地说自动文摘就是利用计算机自动地从原始文本中提取全面准确地反映该文本中心内容的简单连贯的短文。

自动文摘具有以下特点:① 自动文摘应能将原文的主题思想或中心内容自动提取出来;② 文摘应具有概况性、客观性、可理解性和可读性;③ 可适用于任意领域。

按照生成文摘的句子来源,自动文摘方法可以分成两类,一类是完全使用原文中的句子来生成文摘,另一类是可以自动生成句子来表达文本的内容。后者的功能更强大,但在实现的时候,自动生成句子是一个比较复杂的问题,经常出现产生的新句子不能被理解的情况,因此目前大多采用第一类的抽取生成法。

(4) 自动问答:自动问答是指对于用户提出的问题,计算机可以自动从相关资料中求解答案并做出相应的回答。自动问答系统一般包括 3 个组成部分:问题分析、信息检索和答案抽取。

(5) 机器翻译:利用计算机将一种源语言转变为另一种源语言的过程。

(6) 信息过滤:指计算机系统可以自动地进行过滤操作,将满足条件的信息保留,将不满足条件的文本过滤掉。信息过滤技术主要用于信息安全领域。

(7) 自动语音识别:自动语音识别就是将输入计算机的自然语言转换成文本表示的书面语。

8.4 情感分析

8.4.1 情感分析的概念

情感分析(sentiment analysis)又称为意见挖掘,是指利用自然语言处理和文本挖掘技术,对带有感情色彩的主观性文本进行分析、处理和抽取的过程。情感分析起源于人们对带有情感色彩词语的分析。例如:人们通常会使用"优秀""漂亮"等带有褒义色彩的词,以及"丑陋""卑鄙"等带有贬义色彩的词进行文字描述。当这些带有情感色彩的词语被引入到段落、篇章中,情感分析也逐步从单纯的情感词分析转向了更为复杂的语句级或篇章级的情感分析。因此,情感分析任务按其分析的粒度可以分为篇章级,句子级,词或短语级;按其处理文本的类别可分为基于产品评论的情感分析和基于新闻评论的情感分析;按其研究的任务类型,可分为情感分类,情感检索和情感抽取等子问题。

情感分析的基本流程包括:原始文本获取、文本预处理、语料库和情感词库构建,以及情感分析结果等。接下来将对情感分析的主要任务情感信息的抽取、情感信息的分类、情感信息的检索等进行阐述。

8.4.2　情感信息的抽取

情感信息抽取是指从需要分析的情感文本中抽取有价值的情感信息。有价值的情感信息包括判断一个词或词组在情感表达中扮演的角色,包括情感词识别、情感表达者识别、评价对象识别等任务。

1. 情感词识别

情感词的识别是情感分析的基础任务,情感词又称为极性词、评价词等,指带有感情色彩的或带有情感倾向的一类词语。情感词的极性分类主要有基于语料库和基于词典这两种方法。

(1) 基于语料库的方法主要依赖于语料库的统计特性来对情感词进行识别,因而可以更好地将语料库中的词语挖掘处理,并对其进行极性的判断。例如,连词(or,and)所连接的词的极性一般具有一定的关联性。例如,right or wrong,由 or 连接的 right 和 wrong 的极性是相反的,而 beauty and grace 中由 and 连接的 beauty 和 grace 的极性是相同的。特尼(Turney)和利特曼(Littman)提出的点互信息方法是这类方法的代表。该方法的缺陷是,需要以褒义和贬义的词集合作为基础。两个词之间的点互信息可以通过以下公式计算

$$\mathrm{PMI}(c_i, c_j) = \log_2 \frac{p(c_i \& c_j)}{p(c_i) p(c_j)} \tag{8-7}$$

其中,$p(c_i \& c_j)$ 为两个词联合出现的概率,如果两个词是独立的,则 $p(c_i \& c_j) = p(c_i) p(c_j)$,$PMI(c_i, c_j)$ 衡量了两个词之间的独立性。在点互信息的基础上分析目标词的极性,通过如下公式计算

$$\mathrm{SO-PMI}(c) = \sum_{c \in PC} \mathrm{PMI}(c, \mathrm{PC}) - \sum_{c \in PC} \mathrm{PMI}(c, \mathrm{NC}) \tag{8-8}$$

其中 PC 为褒义词的集合,NC 为贬义词的集合。若 $SO-PMI(c)$ 为正,则目标词极性为褒义,否则目标词为贬义。

(2) 基于词典的方法则主要依赖于词典(例如:WordNet、HowNet 等)中词与词之间的词义联系来对情感词进行识别。基于词典的方法的最大优势在于,利用扩展性这一特性,可以大批量、成规模的挖掘情感词。但是,词语的多义性是无法避免的,大量的歧义词存在与构建的情感词典中。基于词典的极性测量函数如

$$O(c) = \frac{d(c, \text{good}) - d(c, \text{bad})}{d(\text{good}, \text{bad})} \qquad (8-9)$$

其中 $d()$ 是 WordNet 等情感词库中情感词的相关性测度公式,$O(c)$ 是一个属性值为 $[-1,1]$ 的函数。若 $O(c)$ 取值为 -1,则目标词的极性为 bad;若 $O(c)$ 取值为 1,则目标词的极性为 good。

该方法作为一种常用的文本情感极性分类的方法,使用起来较为简单。但是,由于中文的语言结构复杂,句子中经常出现较为复杂的语义,例如讽刺、反问等语气,即便在句子中没有出现带有情感色彩的极性词却也带有情感。此时,采用该方法会直接导致错误的判定。因此,基于词典进行的情感极性判定,一方面,该方法建立在分析词语情感的基础上,而句子的情况往往被忽略;另一方面,所抽取的情感词往往是情感特征较为明显的词语,而另外一些隐含性的情感词往往难以获得。

2. 情感表达者识别

情感表达者识别又称观点持有者抽取,其是观点、评论的隶属者。在社交媒体和产品评论中,观点持有者通常是文本的作者或者评论员。观点持有者抽取比较简单,可以通过其登录账号进行获取。而对于新闻文章和其他一些表达观点的人物或者组织显式的出现在文档时,观点持有者一般则是由机构名或人名组成,所以可采用命名实体识别方法进行抽取。Kim 等人借助语义角色标注来完成观点持有者的抽取。然而,这些处理方法会导致较低的语言覆盖现象和较差的领域适应性。因此,也可以通过基于模式识别的信息抽取(information extraction)和机器学习(machine learning)技术来解决。

3. 评价对象抽取

评价对象是指某一评论中的主题,即评论文本中评价词语所修饰的对象。大多评价对象限定在名词或名词短语的范畴内,因此,一般可以使用以下方法进行抽取。

(1)基于模板和规则的方法抽取评价对象。规则的制定通常基于一系列的语言分析和预处理过程,如:命名实体识别、词性标注和句法分析等方法都被用来进行评价对象抽取。

(2)关联规则挖掘的方法或基于句法分析的方法。通过该方法首先找到频繁出现的候选评价对象,然后使用剪枝的方式去除错误的样例。该方法主要的优点是针对性强,可以直接针对待解决的问题或特定的语言现象制定规则/模板;其缺点是规则/模板的可扩展性差,人工编写工作量大,成本较高。

(3)话题模型。由于评价对象蕴含在情感文本中的某些话题,因此可以使用话题模型来识别评价对象。

8.4.3 情感信息的分类

情感信息分类又称情感倾向性分析,是指对给定的文本,识别其中主观性文本的倾向是肯定还是否定的,或者说是正面还是负面的。通常网络文本存在大量的主观性文本和客观性文本。客观性文本是对事物的客观性描述,不带有感情色彩和情感倾向,主观性文本则是作者对各种事物的看法或想法,带有作者的喜好、厌恶等情感倾向。情感分类的对象是带有情感倾向的主观性文本,因此情感分类首先要进行文本的主客观分类。文本的主客观分类主要以情感词识别为主,利用不同的文本特征表示方法和分类器进行识别分类,对网络文本事先进行主客观分类,能够提高情感分类的速度和准确度。纵观目前主观性文本情感倾向性分析,主要的思路分为基于语义的情感词典方法和基于机器学习的方法。

1. 基于语义的情感词典方法

1) 构建词典

情感词典的构建是情感分类的前提和基础,在实际使用中,可将其归为4类:通用情感词、程度副词、否定词、领域词。目前国内外,情感词典的构建方法主要是利用已有电子词典扩展生成情感词典。英文方面主要是基于对英文词典 WordNet 的扩充,Minqing Hu 和 Bing Liu 在已手工建立种子形容词词汇表的基础上,利用 WorldNet 中词间的同义和近义关系判断情感词的情感倾向,并以此来判断观点的情感极性。中文方面则主要是对知网 HowNet 的扩充,朱嫣岚利用语义相似度计算方法计算词语与基准情感词集的语义相似度,以此推断该词语的情感倾向。此外,还可以建立专门的领域词典,以提高情感分类的准确性。

2) 构建倾向性计算算法

基于语义的情感词典的倾向性计算,不同于所需大量训练数据集的机器学习算法,主要是利用情感词典及句式词库分析文本语句的特殊结构及情感倾向词,采用权值算法代替传统人工判别或仅利用简单统计的方法进行情感分类。给情感强度不同的情感词赋予不同权值,然后进行加权求和。

3) 确定阈值来判断文本倾向性

一般情况下,加权计算结果为正是正面倾向,结果为负是负面倾向,得分为零为无倾向。所得结果评价一般采用自然语言中经常使用的正确率、召回率和 F 值来评判算法效果。

基于情感词典的方法和基于机器学习的分类算法相比,虽属于粗粒度的倾向性分类方法,但由于不依赖标注好的训练集,实现相对简单,对于普遍通用领域的网络文本可有效快速地进行情感分类。

2. 基于机器学习的方法

文本情感倾向性分析与传统的基于主题的文本分类相似但有所不同,基于主题的文本分类是把文本分类到各个预定义的主题上,如军事,互联网,政治,体育等,而情感分类不是基于内容本身的,而是按照文本持有的情感、态度进行判断,现有的机器学习的分类方法都可以用到情感分类中。基于机器学习的情感分类,其大致流程如下:首先人工标注文本倾向性作为训练集,提取文本情感特征,通过机器学习的方法构造情感分类器,待分类的文本通过分类器进行倾向性分类。常用的情感分类特征包括情感词、词性、句法结构、否定表达模板、连接、语义话题等,可以通过挖掘各种不同的特征以提高情感分类的性能。常用的特征提取方法有信息增益(information gain,IG)、CHI 统计量(Chi-square,CHI)和文档频率(document frequency,DF)等。常用的分类方法有中心向量分类方法、K-近邻分类方法、贝叶斯分类器、支持向量机、条件随机场、最大熵分类器等。

8.4.4 情感信息的检索

情感检索是从海量文本中查询到观点信息,根据主题相关度和观点倾向性对结果排序。情感检索返回的结果要同时满足主题相关和带有情感倾向或指定的情感倾向,是比情感分类更为复杂的任务。随着人们网络检索需求的增高,在传统搜索中加入情感倾向成了搜索技术中一个新的热点。与传统的互联网搜索相似,情感检索有两个主要任务:检索和查询相关的文档或句子;对检索的相关文档或句子进行排序。与传统搜索不同的是,互联网搜索的任务只要求找到和查询相关的文档和句子,而情感检索还要确定文档和句子是否表达了观点,以及观点是正面的或是负面的。

目前情感检索实现方法主要有两种:一是按传统信息检索模型进行主题相关的文档检索,对检索结果进行情感分类;另一种是同时计算主题相关值和情感倾向值进行检索。第一种方法一般使用传统的检索模型以及较为成熟的查询扩展技术,然后用情感分类方法进行倾向性计算。第二种方法则是同时考虑主题相关和情感文档排序,选择排序策略时需要同时兼顾。

8.5 文本可视化

8.5.1 文本可视化的概念

文本可视化是综合运用计算机图形学、图像处理、人机交互等技术,将采集或模拟的数据变换为可识别的图形符号、图像、视频或动画等,并以此呈现对用户有价值的信息。用户通过对可视化的感知,使用可视化交互工具进行数据分析,获取知识,并进一步提升为智慧。可视化的作用在于视物致知,即从看见物体到获取知识。对于复杂的、大规模的数据,已有的统计分析或数据挖掘方法往往是对数据的简化和抽象,隐藏了数据集真实的结构,而可视化则可以还原甚至增强数据中的全局结构和具体细节。

一图胜千言,通过一张图像传达的信息等同于相当多的文字的堆积描述。文本可视化的工作流程如图 8-5 所示,其主要涉及三个部分:文本挖掘、视图绘制和人机交互。

图 8-5　文本可视化流程

视图绘制是将文本挖掘的信息转换为直观的可视化的视图,在直观的可视图形图像的辅助下,用户可以快速获取想要的信息。本节主要围绕文本的内容可视化和文本关系的可视化进行阐述。

8.5.2 文本内容的可视化

文本内容可视化是以文本内容为信息对象的可视化。通过文本挖掘以后所获得的文本内容多通过关键词、短语、句子或主题等方式进行描述。文本的内容可视化以关键词、短语等作为图元,并对图元进行合理的布局,实现对文本内容的可视化展示。

1. 基于关键词的文本内容可视化

关键词是从文本中提取的语义单元,用以反映文本内容的侧重点。在关键词进行的文本可视化中,以关键词作为图元,并进行合理的布局实现可视化效果。常见的有词云、文档散、文档卡片等实现方法。

词云(Word Cloud)作为最简单,也是最常用的关键词可视化方法。通过对提取的关键词按照一定的顺序、规律和约束整齐而美观的进行展示。如图8-6所示。

图8-6 词云示意

关键词在文本中的分布具有一定的差异性,词云通过字体的大小和颜色等反映关键词在文本中的差异性,如在图8-6中字体越大、颜色越深则说明关键词在文本中的重要性越大。反之,则说明字体在原文中的重要性较小。通过图可以发现数据、可视化、信息、技术等关键在原文中具有较为重要的地位。

由于词云在文本分析中使用越来越多,网络上出现了很多较为好用的工具,词云的构建可以使用如表8-2所示的工具实现。

表8-2 工具及相关描述

工具名称	描 述
WordItOut	软件只需要输入一段文本,然后就可以生成各种样式的"云"文字。用户可以根据自己的需要对 WordItOut 进行再设计,比如颜色、字符、字体、背景、文字位置等。但是,WordItOut 不支持识别中文。
Tagxedo	软件具有强大的导入功能(可导入网页、文字等),可以自定义设置词云形状、导入想要的字体、颜色主题等。软件支持中文识别。
WordArt	软件可以自定义字体、词云的形状、颜色等。不支持识别中文。
ToCloud	是一款在线免费标签云生成器,可以设置词的长度和频率。不支持识别中文。
图悦	国内的在线词频分析工具,在长文本自动分词并制作词云方面很出众,容易上手,可以自定义定制图形模板。
微词云	国内的在线词频分析工具,可以进行长文本自动分词并制作词云,也可以自定义图云形状,也可以进行背影、字间距、颜色等调整。

除了采用现有的工具实现词云绘制之外,也可以通过编程语言实现,例如采用 Python

中的 wordcloud 模块可以较为快速的构建词云。实现的关键代码如下。

算法 1　词云实现代码

```
1.   from wordcloud import WordCloud ♯词云绘制模块
2.   import matplotlib. pyplot as plt ♯绘制图像的模块
3.   import jieba        ♯jieba 分词
4.   path_txt='…data/all. txt' ♯原始数据存放位置
5.   S= open(path_txt,'r',encoding='UTF-8'). read()
6.   ♯ wordcloud 无法直接生成正确的中文词云,需要使用结巴分词进行分词操作
7.   keyword = " ". join(jieba. cut(S))
8.   wordcloud = WordCloud(
9.     ♯设置字体,不然会出现口字乱码,文字的路径是电脑的字体一般路径,可以换成别的
10.    font_path="C:/Windows/Fonts/simfang. ttf",
11.    ♯设置背景,宽高
12.    background_color="white",width=600,height=400). generate(keyword)
13.   plt. imshow(wordcloud, interpolation="bilinear")
14.   plt. axis("off")
15.   plt. show()
```

---

2. 时序性的文本内容可视化

通过时序性文本内容的可视化,可以满足具有时间和时序属性要求的文本分析需求,用以描述文本内容的演化特点。例如,针对不同专业的发展,可以通过时序性的文本内容可视化对专业发展过程中研究内容的变化,以及专业的研究方向的变化等进行有效的展示。常见的实现方法有主题河流、TIARA、历史流等。

主题河流作为常用的一种展现文本集合主题演化的可视化方法,该方法通过文本集合中的主题信息,将主题隐喻为时间上不断延续的河流。这种方法在宏观上展示主题演化的结果,以辅助用户观察主题的产生、变化和消失等,如图 8-7 所示。

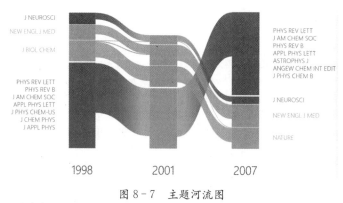

图 8-7　主题河流图

图片来源:Mapequation

图 8-7 中的横轴为时间轴,每列中的方块代表对应年份的主题,宽度代表了主题所占的比例。主题之间的联系以河流的方式的连接,河流的宽度代表流向下一个时间点的主题数量。多个主题流叠加,用户可以查看特定时间点上的主题分布,同时也可以看到主题

的发展变化,以及流向。

8.5.3 文本关系的可视化

文本关系的可视化,针对文本之间存在的文本间内容的相似、内容共现、文本之间的引用关系等,进行文本关系的分析和可视化。

1. 基于图的文本关系可视化

常见的实现方法包括短语网络图、新闻地图、单词树等。

图 8-8 为短语网络(phrase nets)的示例,采用节点—连接图展示无结构文本中语义单元彼此间的关系。图中的节点代表语义单元,如:关键词和主题词等,节点之间的连接代表指定的关系,可以是关键词或主题词之间的共现关系等。短语之间的布局通过力导向布局等方式实现。

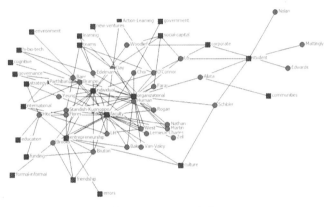

图 8-8 短语网络图

2. 文档集合关系可视化

多个文档之间的相似和差异也是人们对一个文档集合非常感兴趣的问题。文档集合关系可视化中将一个完整的文档作为一个特征向量,利用向量空间模型计算文档间的相似性,并采用相应的投影技术呈现文档集合的关系。主成分分析、多维尺度分析和自组织映射是常用的投影算法。常见的实现方法有星系视图、主题地貌、引文网络等。

图 8-9 为主题地貌(ThemeScape)的示例,采用等高线的方式可视化表达文档集合中相似文档的分布情况。文档位置分布的疏密程度映射为山体高度,等高线和颜色共同刻画文本分布的密度。文档越相似,则点分布的越为密集,从而等高线越紧密,颜色越显著。山峰直观简洁的可视化文档集合中所涉及的中心主题。主题地貌方法可以较为直观的揭示文档集合的主题分布和每个主题所涉及的文档数量的差异性对比。

图 8-10 为引文网络图的示例,图中的节点为文本自身,节点之间的连线为文本之间存在的引用关系。每个节点的大小代表它的总被引次数,通过文献之间的引用关系建立联系,图中连线的颜色代表了不同的年份。该网络图在未经聚类算法操作下,既能直观的判定组合。可以进一步通过聚类运算,对网络中的聚类进行描述,了解不同聚类的内容,并且可以通过不同颜色的连线了解主题的转向。

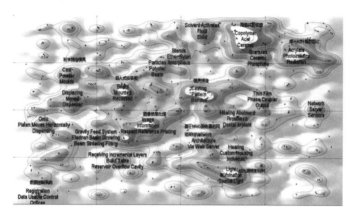

图 8 - 9 国外 3D 打印快速成型技术的专利地图

图 8 - 10 引文网络图

8.6 案例分析

在我国科技不断进步的今天,电子商务也在高速发展,网购的规模在不断扩大,电子商务网站也拥有了大量的评论数据。如何从这些评论数据中提取信息为商家销售和消费者购物提供帮助成为了一个热门的研究。因此,本节利用京东商城、淘宝、华为商城发布的华为旗舰手机的评论数据进行客户满意度挖掘与分析。

8.6.1 数据获取

采用爬虫技术分别从京东、淘宝、华为商城,根据需求爬取主题的 URL、内容、所获取语料的字段、图片等。可以使用 Python、C++、Java 等不同的编程语言进行网页爬取,若使用 Python 则主要涉及的库包括 Selenium、urllib 库、BeautifulSoup、Scrapy 等技术。确定爬取技术后,要分析网页的结构,定位网页所爬取内容的节点,再爬取数据。将爬取到的数据进行存储,主要包括纯文本 txt、csv、xls、数据库等存储方式。爬取的数据流程见图 8 - 11。

本节将爬取的数据集存放于 Excel 文件中,主要获取评论的发布时间、颜色型号、评论

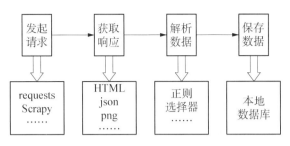

图 8－11　数据爬取流程

内容、评论作者等信息，如图 8－12 所示。

	A	B	C	D
1	2021/3/17 15:52	秋日胡杨 8GB+256GB	外形外观：漂亮屏幕音效：支持京东方，你们懂的拍照效	c***y
2	2021/3/17 15:31	秋日胡杨 8GB+256GB	上手挺厚重的，屏幕够大，看着也很好。	5un2h0n9D1n9
3	2021/3/17 14:54	秋日胡杨 8GB+256GB	这个东西我喜欢，在京东买的，觉得价钱还可以，比较实	jd_180193woq
4	2021/3/17 13:43	秋日胡杨 8GB+256GB	可以	哎呀小叶叶
5	2021/3/17 13:36	秋日胡杨 8GB+256GB	京东买东西性价比很高	花***水
6	2021/3/16 23:49	秋日胡杨 8GB+256GB	抢了好久了，终于到手了，跨区域调货的，物流很快，配	煮***檬
7	2021/3/16 23:16	秋日胡杨 8GB+256GB	尝试了很多次，其实就是试试。。。。第一次拍到了没付	星星走开点
8	2021/3/16 20:00	秋日胡杨 8GB+256GB	国货之光！	sppoa
9	2021/3/16 18:00	秋日胡杨 8GB+256GB	真香真香，，，，，，，，，	q***4
10	2021/3/16 16:52	秋日胡杨 8GB+256GB	系统流畅，功能强大，	j***s
11	2021/3/16 13:54	秋日胡杨 8GB+256GB	系统流畅，品质贼棒，素皮手感贼好。就是价格真的感人	王***1
12	2021/3/16 12:06	秋日胡杨 8GB+256GB	手机的品质还是认可的，就是屏幕贴膜不咋地，很容易出	赏***漫
13	2021/3/16 11:38	秋日胡杨 8GB+256GB	收到啦，很不错，非常喜欢，值得购买，(*￣__￣*) 嘻嘻…	feng_ai
14	2021/3/16 11:18	秋日胡杨 8GB+256GB	总体满意，使用流畅，主要是工作需要用到两个~和多屏协	w***r
15	2021/3/16 10:51	秋日胡杨 8GB+256GB	第一次用华为手机，还可以，就是当时加了钱买	z***7
16	2021/3/16 10:39	秋日胡杨 8GB+256GB	是喜欢的机型，漂亮实用。	x***8

图 8－12　数据截图示例

8.6.2　数据预处理

1. 数据清理

数据清理是通过对“脏数据”进行清理，得到满足数据挖掘质量要求的数据。从评价内容可以看出，数据中存在一些“脏数据”，比如一些无用的数字、英文等。因此，对数据进行数据清理，将这些“脏”数据删除是必需的。清理后的结果如图 8－13 所示。

Unnamed: 0	coments
0	终于买下心怡的手机了，华为手机功能强大，支持华为
1	不错不错，先买了小的后又买了大的。果然屏幕更清晰了，拍照也更好了！
2	产品不错！非常喜欢！
3	非常满意
4	上一个华为用了三年了，今天下单买了一个，来不及开始用了下，还是货真价实！

图 8－13　数据清理结果

2. 分词处理

经过初步的数据清洗后，接下来需要对评论的文本数据进行分词处理。Python 中可以采用 jieba 模块对消费者评论数据进行分词。分词结果如图 8－14 所示。

获取分词结果以后，需要对已分词的数据，进行停顿词消除等预处理，并对数据进行特征词的提取，最终获得如图 8－15 呈现的 126 个特征词。在构造的文本词条矩阵中，矩阵的每一行都代表一条评论内容；每一列代表分词后的词语，矩阵的元素为词语出现的次数，由此得到一个庞大的稀疏矩阵。接下来，将数据集拆分为训练集和测试集，并利用训

```
0    买下  心怡  手机  华为  手机  功能强大  支持  华为
1    不错  不错  先买  小的  买  屏幕  清晰  拍照  更好
2                       产品  不错  喜欢
3                               满意
4         华为  三年  下单  买  货真价实
```

图 8 - 14   分词结果

练集构建贝叶斯分类器,利用测试集对分类器的效果进行评估。

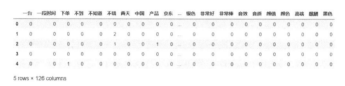

5 rows × 126 columns

图 8 - 15   词矩阵

8.6.3 情感分类

通过利用贝叶斯分类器,将评论情感划分为消极与积极评价两种类型。通过在训练数据集上进行模型拟合,得到模型后再在测试数据集上进行预测,根据预测结果绘制出混沌矩阵图,如图 8 - 16 所示。

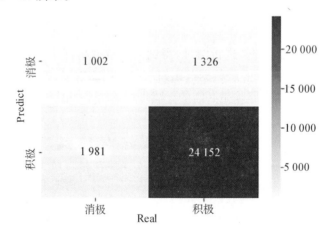

模型的准确率为:
0.883 805 909 841 537 5

图 8 - 16   混沌矩阵的可视化

通过以上的结果可以看出,贝叶斯分类器在预测数据集的准确率达到了 88.3%,绝大多数的样本预测正确,积极情绪的预测准确率要高于消极预测准确率,并且总的预测准确率接近 88%。可以看出,通过贝叶斯分类器得到的模型在测试数据集上的预测效果能够满足要求。

8.6.4　用户情感分析

最后,将通过用户的关注点以及用户的满意度进行情感分析。

1. 用户的关注点分析

通过将评论的打分进行分类,按照小于 0.3 为消极评论,0.7 以上为积极评论,将所有的评论完成分类。通过分类,可以得到 mate40 系列手机的负面评价的占比,约为 11.1%。在对评价进行情感分类后,要对消费者的关注点进行分析。通过对词频的统计,可以得到消费者评价中的一些关键词,了解消费者的关注点,并通过绘制词云图,完成对消费者关注点的分析。

首先,选择了评论中的消极评论进行分析,这样更有助于了解该产品的缺点以及消费者对该产品的一些建议。将 mate40 系列手机的评论信息中的消极信息进行提取,并建立词云图,如所图 8 - 17 所示。

图 8 - 17　消极评论词云图

通过词云图对评论信息中出现的频率较高的词语的统计,可以方便快速地分析消费者对商品的评价信息。消极评价主要体现在消费者对华为 mate40 系列手机的物流、发货时间、屏幕显示等几个方面不满意。

接下来对 mate40 系列手机的积极评论信息进行提取,并建立词云图,如图 8 - 18 所示。

通过对词频的统计,可以发现,消费者对于华为 mate40 系列手机的积极评论主要呈现在以下几个方面:手机的拍照摄像能力、运行速度、外观、系统的流畅度、麒麟处理器、音效以及功耗等,这是消费者对华为 mate40 系列手机比较满意的方面。但是,通过对消极评论和积极评论的词频统计发现,两边都出现了"屏幕"这个高频词,这就说明了消费者对于华为 mate40 系列手机的屏幕有着不同的评价。通过对屏幕的深入分析,发现该屏幕为超曲环幕屏,对于这种曲面屏并不适应的消费者可能会因该屏幕而给予差评;而且,华为的这款屏幕具有三个不同的供应商,并随机分配,所以消费者在购买到手机后,可能会因为不同的供应商而对这块屏幕产生不一样的评价。

图 8-18　积极评论词云图

2. 用户满意度分析

通过对情感的分类,为所有的评论赋予了一定的情感评分,如图 8-19 所示。这里的评论得分,越靠近 1 的评论,就越接近正面评论,而越靠近 0 的评论,则越接近负面评论。

	coments	sentiments
0	终于买下心怡的手机了,华为手机功能强大,支持华为	0.990 000
1	不错不错,先买了小的后又买了大的。果然屏幕更清晰了,拍照也更好了!	0.978 138
2	产品不错! 非常喜欢!	0.930 819
3	非常满意	0.990 000
4	上一个华为p20用了三年了,今天下单买了一个Mate40Pro,来不及开始用了下,还是货真价实!	0.990 000
5	非常喜欢华为这款手机。华为商城值得信赖。这款手机在其他线上平台也有且附送礼品。但我还是选择华	0.990 000
6	晚上下单,第二天就到了。支持华为!	0.990 000
7	响应速度快,指纹触摸挺灵敏,照相也很棒,充电速度超快。物流运输快,包装严密仔细,华为客服耐心...	0.999 812
8	我爱华为,家里人全部换成华为,期待麒麟重生,在一起,就可以,小姐姐翻我好吗	0.848 134
9	mate40pro手机不管是拍摄视频和照片还是运行反应速度都是超级的好! 特别是在拍摄电脑上的...	1.000 000

图 8-19　评论信息的情感评分

通过对所有的评论数据完成情感分类,可以得到消费者对于华为手机的积极评论占比约为 89.3%。华为手机整体满意度的结果如图 8-20 所示。

3. 拓展思考

通过对用户的满意度挖掘,可以发现用户对华为手机的整体满意度较高。但是,也存在一部分消极的评价,这值得进一步地分析。此外,针对积极与消极评价背后的影响因素也可以进一步进行分析。

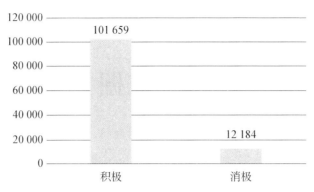

图 8-20　消费者对于华为手机整体满意度的统计

习　题

1. 什么是文本分析？举例说明它的用途。
2. 文本分类与文本聚类的异同点。
3. TF-IDF 如何衡量特征词的重要性。
4. 文本特征的提取有哪些方法？它们各有什么特点？
5. 文本挖掘需要几个步骤？关键技术有哪些？
6. 文本挖掘系统的评估办法有哪些，请进行简述。
7. 情感分析的发展过程。
8. 情感分析主要任务包括哪几个方面，并进行简述。
9. 情感分析的分类方法有哪些，并进行简述。

第 9 章

Web 挖掘

本章知识点

(1) 掌握 Web 挖掘概念和具体流程。

(2) 掌握 Web 内容挖掘及步骤。

(3) 掌握 Web 使用挖掘的过程。

(4) 掌握 Web 结构挖掘,理解 PageRank 算法。

近年来,随着互联网技术特别是移动互联网的快速普及和迅猛发展,海量信息能免费或以非常低成本获得。互联网的发展趋势被看好,特别是电子商务等领域的蓬勃发展为互联网应用提供了广阔空间,如何在互联网这个全球最大的数据集合中发现有用信息是数据挖掘研究日益重要的关注点。Web 挖掘通常使用数据挖掘技术在互联网海量数据中发现潜在的、有用的模式或信息。Web 挖掘覆盖了多个研究领域,包括数据库技术、信息获取技术、统计学、人工智能中的机器学习和神经网络等。基于 Web 的数据挖掘可以利用 Web 的海量数据进行分析,处理政治、经济、政策、科技等对企业有重大影响的外部环境信息和内部经营信息,找出企业管理过程中出现的各种问题和危机,以便更好地进行管理和决策。

9.1 Web 挖掘概述

万维网(World Wide Web, WWW),也称为 Web,是一种基于超文本和 HTTP 的、全球性的、动态交互的、跨平台的分布式图形信息系统。Web 是一种网络服务,为浏览者在 Internet 上查找和浏览信息提供了图形化的、易于访问的直观界面。万维网是存储在 Internet 计算机中,数量巨大的文档集合。这些文档也称为 Web 页面,它是一种超文本(hypertext)信息,可包括文本、图像、视频、音频等多种形态的数据,称为超媒体(hypermedia)。Web 上的信息是由彼此关联的文档组成的,而使其连接在一起的是超链接(hyperlink)。超链接机制把分散的页面节点联系起来组成了互联互通的信息网状结构。

随着互联网的广泛渗透、数据增长日益快速,用户深陷信息焦虑、信息过载、信息疲劳的困扰,因此需要 Web 挖掘来解决上述问题。

Web 挖掘(Web Mining)是指从大量异质、分布式的 Web 文本或服务中自动抽取信息和发现规律的过程,也是数据挖掘在 Web 领域的扩展。Web 挖掘所得到的信息和规律通常是有效的、新颖的、潜在有用的,以及最终可被理解的。Web 挖掘常见主题包括:搜索引擎、推荐引擎、页面爬取和资源发现、链接分析、网页结构化数据抽取、信息整合、观点挖掘等方面。基于 Web 挖掘可以寻找用户感兴趣的新闻以及在 Web 站点中提供个性化服务,吸引更多用户,也可以改进搜索引擎,优化 Web 页面搜索。Web 日志挖掘在电子商务领域有很广阔的应用前景,如发现顾客的购买习惯和浏览兴趣,有针对性地进行精准营销等。

WEB 数据的特点包括:① 异构数据库环境,Web 上的每一个站点就是一个数据源,每个数据源都是异构的,因而每一站点的信息和组织都不一样,这就构成了一个巨大的异构数据库。② 分布式数据源,Web 页面散布在世界各地的 Web 服务器上,形成了分布式数据源。③ 半结构化,半结构化是 Web 上数据的最大特点,Web 上的数据类型非常复杂,没有特定的模型描述,是一种非完全结构化的数据,称之为半结构化数据。④ 动态性强,Web 是一个动态性极强的信息源,信息不断地快速更新,各站点的链接信息和访问记录的更新非常频繁。⑤ 丰富的多样性,Web 包含了各种信息和资源,有文本数据、超文本数据、图表、图像、音频数据和视频数据等多种多媒体数据。

9.2　Web 挖掘流程

与传统数据和数据仓库相比,Web 上的信息是非结构化或半结构化的、动态的,并且是容易造成混淆的,所以很难直接用 Web 网页上的数据进行数据挖掘,而须经过必要的数据处理。通常 Web 挖掘包括从 Web 上搜索发现可用的信息,然后从已经发现的资源中提取出有用的信息,最后对 Web 信息进行学习,抽取一定的规则,典型 Web 挖掘的处理流程如图 9 - 1 所示。

图 9 - 1　Web 挖掘流程

1. Web 数据获取

根据挖掘目的,Web 挖掘首先要从 Web 资源中提取相关数据,构成目标数据集,采集的任务是从目标 Web 数据网站日志、网络数据库中的数据等中得到数据。通常在进行 Web 挖掘之前的信息获得 IR(Information Retrieval)和信息抽取 IE(Information Extraction)相当重要。IR 的任务就是按照用户提供的关键字检索出最"相关"的页面出来,其目的在于找到相关 Web 文档,而信息抽取(IE)的目的在于从文档中找到需要的数据项目,它分析文档的结构并对数据进行组织整理成适当的索引。由于 Web 数据量非常大,而且可能动态变化,用原来手工方式进行信息收集已经不能适应,目前的研究方向是用自动化、半自动化的方法在 Web 上进行 IR 和 IE。

2. Web 数据预处理

在进行 Web 挖掘之前,企业需要对"杂质"数据进行过滤,剔除无用信息和将信息进行必要的整理。例如消除数据的不一致性,从 Web 文档中自动去除广告连接、去除多余格式标记、识别段落或者字段并将数据组织成规整的逻辑形式甚至是关系表,将多个数据源中的数据统一为一个数据存储等。数据预处理的效果直接影响到挖掘算法产生的规则和模式。数据预处理主要包括数据清洗、用户识别、会话识别和事务识别。① 数据清洗需要删除 Web 日志与挖掘任务无关的数据,其目的就是消除数据冗余,把有用的 Web 日志记录转换为适当的数据格式,并对错误的用户请求页面记录进行处理;② 用户识别主要根据用户 IP 地址、用户注册信息、Cookie 技术等来分离特定用户的访问日志;③ 会话识别就是对用户的访问记录进行分割成若干独立的会话进程以挖掘会话间有用的信息,对原始 Web 日志文件中的数据进行提取、分解、合并、最后转换为用户会话文件,会话识别本属于数据预处理阶段中的一部分,这里将其划分成单独的一个阶段,是因为把用户会话文件划分成的一组组用户会话序列将直接用于挖掘算法,它的精准度直接决定了挖掘结果的好坏,是挖掘过程中最重要的阶段;④ 事务识别主要通过分割算法对用户会话进行更小的有一定语义的事务。

3. 数据的转换和集成

该阶段即将预处理后的数据按照特定的格式进行存储在数据库中,随后再进行数据仓库的构建,而数据仓库的构建必须要经过 ETL 过程,该过程是商务智能及数据挖掘项目里最重要的一个环节,往往需要花费很多时间在这一环节。Web 数据预处理过程其实就是数据的抽取和清洗,数据的集成也就是数据的转换和装载过程。设计出性能比较好的数据仓库,往往能够方便数据的更新、删除和查询等操作,提高数据挖掘的效率。

4. 模式识别

该阶段主要是利用挖掘算法挖掘出有效的、新颖的、潜在的、有用的及最终可以理解的信息和知识,主要任务就是通过运用访问路径分析、分类分析、聚类分析、关联规则分析、序列模式发现以及统计分析等挖掘方法和技术,对已经处理、转换并集成后的格式化存储的 Web 数据进行挖掘,发现某些潜在的、有用的模式,具体包括以下方面方法:

(1) 统计分析(statistical analysis):常用的统计技术有:贝叶斯定理、预测回归、对数回归、对数-线性回归等。统计分析可用来分析网页的访问频率,网页的访问时间、访问路径,可用于系统性能分析、发现安全漏洞、为网站维护、市场决策提供支持。

(2) 关联规则(association rules):关联规则是最基本的挖掘技术,同时也是网站使用挖掘中最常用的方法。在网站使用挖掘中常常用在被访问的网页中,这有利于优化网站组织,方便网站设计和内容管理者进行分析,通过市场分析可以知道哪些商品被频繁购买,哪些顾客是潜在顾客。

(3) 聚类(clustering):聚类技术是在海量数据中寻找彼此相似对象组,这些数据基于距离函数求出对象组之间的相似度。在网站使用挖掘中可以把具有相似模式的用户分成组,可以用于电子商务中市场分片和为用户提供个性化服务。

（4）分类（classification）：分类技术主要用途是将网站用户归入某一特定类中，它与机器学习关系很紧密。可以用的技术有：决策树（decision tree）、K-最近邻居、朴素贝叶斯、支持向量机（support vector machines）。

（5）序列模式（sequential patterns）：给定一个由不同序列组成的集合，其中每个序列由不同的元素按顺序有序排列，每个元素由不同项目组成，同时给定一个用户指定的最小支持度阈值，序列模式挖掘就是找出所有的频繁子序列，即子序列在序列集中的出现频率不低于用户指定的最小支持度阈值。

（6）依赖关系（dependency）：一个依赖关系存在于两个元素之间，如果一个元素 A 的值可以推出另一个元素 B 的值，则 B 依赖于 A。

5. 模式分析

模式分析是 Web 使用挖掘的最后一步，主要目的是过滤模式发现阶段产生的规则和模式，去除那些无用的模式，并把发现的模式通过一定的方法直观地表现出来。由于 Web 挖掘有可能挖掘出所有的模式和规则，所以不能排除其中有些模式是常识性的，普通的或最终用户不感兴趣的，故必须采用模式分析的方法使得挖掘出来的规则和知识具有可读性和最终的可理解性。该阶段是通过运用成熟的技术和工具进行模式的分析，从而便于分析人员更清楚地理解，通过解释和可视化手段把发现的规则转化为知识。常见的模式分析方法有图形和可视化技术、数据库查询机制、数理统计和可用性分析等，目前比较普遍常见的方法是采用类似 SQL 的形式进行查询分析，先将数据导入多维数据立方体中，再通过 OLAP 工具进行分析并且输出时提供可视化的分析结果。该过程必须对客户的需求有着明确的认知，并对分析结果做出比较合理的解释和展现。模式分析把发现的规则模式转换为知识，验证、解释上一步骤产生的模式，可以是机器自动完成，也可以是与分析人员进行交互来完成。

9.3　Web 挖掘分类

大多数学者认为 Web 挖掘一般可以分为三类：Web 内容挖掘（Web Content Mining）、Web 结构挖掘（Web Structure Mining）、Web 使用挖掘（Web Usage Mining）。Web 内容挖掘主要是从网页内容中抽取有用的信息和知识。Web 结构挖掘主要从表征 Web 结构的超链接中探索知识，例如，分析 Web 信息是怎样聚类的，分析 Web 链接网络的分布情况。Web 使用挖掘主要挖掘用户访问网站的行为模式，例如，挖掘用户"点击流"数据，可能会用到用户 IP 地址和账号信息，以便做关联分析。

1. Web 内容挖掘特点

Web 内容挖掘从 Web 内容、数据和文档中发现有用信息，Web 上的信息种类繁多，传统的 Internet 由各种类型的服务和数据源组成，包括 WWW、FTP、Telnet 等，现在有更多的数据和端口可以使用，比如政府信息服务、数字图书馆、电子商务数据以及其他通过 Web 可以访问的数据库。Web 内容挖掘的对象包括文本、图像、音频、视频、多媒体和其他各种类型的数据。针对无结构化的文本所进行的 Web 挖掘被归类到基于文本的知识发现（KDT）领域，也称文本数据挖掘或文本挖掘，是 Web 挖掘中比较重要的技术领域，也引起了许多研究者的关注。随着视频、图像、音频等数据形态的日益丰富,特别是移动端的广泛影响,多模态的 Web 多媒体数据挖掘方面的研究正成为另一个热点。

1) Web 文本挖掘

Web 文本挖掘是对 Web 上的大量文档的集合的内容进行总结、分类、聚类、关联分析以及利用 Web 文档信息进行趋势预测。在 Internet 上的文本数据一般是一组 html 格式的文档集,企业需要将这些文档转化成一种类似关系数据库中记录的且能反映文档内容特征,一般采用文档特征向量模型进行表示,但目前文档特征向量通常维数较大,进行特征子集的选取成为挖掘过程中的必要环节。在完成文档特征向量维数的压缩后,便可利用分类、聚类、关联分析等来提取面向特定应用的知识模式,最后对挖掘结果进行评价,若评价结果满足一定的要求则输出,否则返回到以前的某个环节,分析改进后进行新一轮的挖掘工作。目前 Web 内容挖掘研究主要集中在基于文本内容的检索、信息过滤的提炼、重复数据消除、数据模式抽取、中间形式表示、异构集成、文本分类和聚类、文档总结和结构提取、数据仓库及 OLAP 等几个方面。

2) Web 多媒体挖掘

Web 多媒体挖掘与 Web 文本挖掘的不同点在于需要提取的特征不同。Web 多媒体挖掘需要提取的特征一般包括图像或视频的文件名 URL、类型、键值表、颜色向量等,并基于这些特征进行挖掘工作。如关联分析发现类似"如果图像是'大'而且与关键词'草原'有关,那么它是绿色的概率是 0.8"的关联规则。当然也可以对多媒体进行分类、聚类等操作。多媒体数据挖掘的方法主要有:①多媒体数据中的相似搜索,例如,多媒体标引和检索技术,它们分别是基于描述的检索系统和基于内容的检索系统;②多媒体数据的多维分析,可以按照关系数据中构造数据立方体的方法,设计和构造多媒体数据立方体;③分类和预测分析,主要应用于天文学、地震学和地理科学的研究,其中决策树分类是最常用的方法;④多媒体数据的关联规则挖掘,主要包括三类规则,即图像内容和非图像内容之间的关联、与空间关系无关的图像内容的关联、与空间关系有关的图像内容的关联。

2. Web 使用挖掘特点

Web 使用挖掘,在新兴的电子商务领域有重要意义,它通过挖掘相关的 Web 日志记录,来发现用户访问 Web 页面的模式,通过分析日志记录中的规律,可以识别用户的忠实度、喜好、满意度,可以发现潜在用户,增强站点的服务竞争力。Web 使用记录数据除了服务器的日志记录外还包括代理服务器日志、浏览器端日志、注册信息、用户会话信息、交易信息、Cookie 中的信息、用户查询、鼠标点击流等一切用户与站点之间可能的交互记录。通常 Web 使用记录的数据量是非常巨大的,而且数据类型也相当丰富。根据不同处理方法,Web 使用挖掘可以分为两类:一类是将 Web 使用记录的数据转换并保存到传统的关系表里,再使用数据挖掘算法对关系表中的数据进行常规挖掘;另一类是将 Web 使用记录的数据直接预处理再进行挖掘。Web 用法挖掘中的一个有趣的问题是在多个用户使用同一个代理服务器的环境下如何标识某个用户,如何识别属于该用户的会话和使用记录,这个问题看起来不大,但却在很大程度上影响着挖掘质量,所以有人专门在这方面进行了研究。通常来讲,经典的数据挖掘算法都可以直接用到 Web 用法挖掘上来,但为了提高挖掘质量,研究人员在扩展算法上进行了努力,包括复合关联规则算法、改进的序列发现算法等。

3. Web 结构挖掘特点

Web 结构挖掘的对象是 Web 本身的超链接，即对 Web 文档的链接结构进行挖掘。对于给定的 Web 文档集合，应该能够通过算法发现它们之间连接情况的有用信息，文档之间的超链接反映了文档之间的包含、引用或者从属关系，引用文档对被引用文档的说明往往更客观、更概括、更准确。Web 结构挖掘在一定程度上得益于社会网络和引用分析的研究。理论上，可以把网页之间的关系分为入度（incoming）连接和出度（outgoing）连接，运用引用分析方法找到同一网站内部以及不同网站之间的连接关系。在 Web 结构挖掘领域最著名的算法是 HITS 算法和 PageRank 算法，他们的共同点是使用一定方法计算 Web 页面之间超链接的质量，从而得到页面的权重。著名的 Clever 和 Google 搜索引擎就采用了该类算法。此外，Web 结构挖掘另一个尝试是在 Web 数据仓库环境下进行挖掘，包括通过检查同一台服务器上的本地连接衡量 Web 站点的完全性，在不同的 Web 数据仓库中检查副本以帮助定位镜像站点，通过发现针对某一特定领域超链接的层次属性去探索信息流动如何影响 Web 站点的设计。

9.4　Web 内容挖掘

网页通常包括多种数据类型，它可以是文本、图像、音频、视频或者表格等结构化数据。Web 内容挖掘就是从构成网页的数据中提取有用信息的过程。Web 内容挖掘与数据挖掘十分相似，在该阶段，工程师通常需要预先爬取大量网页数据，然后设计相关算法对特定信息进行抽取。从内容类型看，Web 内容挖掘主要包括文本挖掘和多媒体挖掘两类，前者主要处理文本型数据，后者主要处理图像、音频、视频等多媒体数据。随着移动化、社交化的发展，普通用户不再仅仅是信息的消费者，更是 Web 内容的传播者和创造者，因此 Web 内容得到了快速增长，这给 Web 挖掘带来了新挑战和机遇。本节重点介绍 Web 文本挖掘。

Web 文本挖掘以计算语言学、统计数理分析为理论基础，结合机器学习和信息检索技术，从文本数据中发现和提取文本集中独立于用户信息需求的隐含知识。Web 文本挖掘是数据挖掘领域的一个重要内容，它是利用文本切分和特征提取方法技术抽取文本特征，将文本数据转化为能描述文本内容的结构化数据，然后利用聚类、分类技术和关联分析等数据挖掘方法对内容进行挖掘，进而发现关联知识和特定模式。

如图 9-2 所示，Web 文本挖掘需要经过 Web 文本采集、文本预处理、特征提取、建模、模式挖掘与评价等几个阶段。

（1）Web 文本采集。由于互联网文本资源分布在不同站点，在进行内容挖掘时候，工程师通常需要设计 Web 爬虫程序从互联网上采集所需要的网页、文档或者网站日志等信息，并保存到本地形成 Web 文本集。Web 爬虫程序又称为网络蜘蛛，它自动地漫游于 Internet 站点之间，按照某种策略进行远程数据搜索与获取，并将获取的文本存储在本地，用于进一步的分析。网络蜘蛛一般有两种采集数据策略：广度优先和深度优先。广度优先是指网络蜘蛛先抓取起始网页中链接的所有网页，然后再选择其中的一个链接网页，继

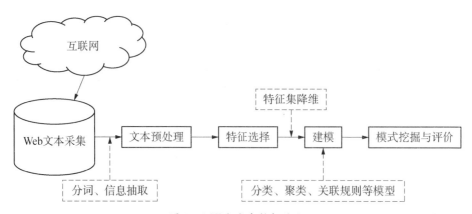

图 9 - 2 Web 文本挖掘流程

续抓取在此网页中链接的所有网页,然后一层一层地访问。深度优先是从起始页开始,一个链接与一个链接不断跟踪深入,直到终点,处理完该路径之后再转入下一个起始页继续跟踪链接。

(2) 文本预处理。传统的数据挖掘一般是针对数据库或者数据仓库等结构化的数据,对其进行分析、加工和模式挖掘。与前者不同的是,Web 文本所面对的数据结构是半结构化或者非结构化的,这些数据没有统一的形式,因此不能对其直接进行数据挖掘,需要对Web 文本进行预处理和结构化抽取(structured data extraction)。Web 网页通常包含两部分内容,一部分内容体现的是网页的主题信息,例如一张新闻网页中的新闻部分,称之为"主题"内容;另一部分则是与主题内容无关的广告信息、版权信息等内容,称之为"噪声"内容。结构化数据抽取的目标是从 Web 页面中抽取出与主题相关的内容数据。这些结构化数据往往存储在后台数据库中,由网页按一定格式展示给用户,例如论坛列表页面、微博短文本页面、电商产品页面、搜索引擎结果页面等。因此,在 Web 文本进行预处理阶段,需要对原始网页内容进行结构化抽取,剔除相关"噪声"内容。

(3) 特征选择。Web 文本是一种无结构数据,在上述阶段完成结构化抽取出相关内容后,通常需要进行文本表示和特征选择。由于文本信息多数是无结构的并且使用自然语言,很难被计算机处理,因此如何准确地表示 Web 文本是影响挖掘效果的一个重要因素。Web 文本表示就是要将 Web 文本数据进行结构化表示,以一定的特征项来表示文本信息。例如 Web 文本的名称、日期、大小、类型等描述性特征和文本的作者、机构、标题、内容等语义性特征。对于描述性特征可根据其具有明显标志的专有特征项提取出来,而对内容等语义信息,目前有布尔模型、向量空间模型、潜在语义模型和概率模型等文本表示模型,用某种特定的结构去表达文本内容的语义。Web 文本特征提取是在中文分词处理完成之后,选取出可以表征该文本内容特征的特征词,而去除掉那些与表达内容特征无关的多余词条,并将其放入特征词库中。由于自然语言文本集中往往包含大量的词汇,如果把这些词都作为特征,将带来一系列问题。首先是特征维数太大,给计算带来了巨大压力,占用存储空间大、处理速度慢;其次是这些词中实际上有很大一部分是冗余的,对识别分类的作用不大。因此,有必要降低特征的维数,选择那些最有代表意义的词作为特征词条。目前文本的特征选择方法主要有:DF、TF-IDF、MI、IG、CHI、WFO 等,具体可参考本书第 8 章相关内容。在实际应用中,文本表示和特征提取很多时候是合并进行的,比如 TF-IDF 先用一个词袋模型进行了文本表示,然后直接通过权重计算进行特征提取。

（4）建模。Web 文本挖掘可以对互联网上的 Web 文档集合进行挖掘和分析,通过应用分类、聚类、关联分析等模型对完成文本预处理、信息抽取和特征选择后的内容进行建模。Web 文本聚类通过计算 Web 文档之间的相似性从而把文档集合分成若干类别,主要方法有划分方法、层次聚类、基于密度和基于网格的方法。Web 文本分类是在已有样本数据的基础上学习出一个分类函数或构造出一个分类模型,即通常所说的分类器。上述所涉及的文本分类和聚类等算法,可参考本书第 8 章相关内容。

（5）模式挖掘与评价。通过前面阶段对 Web 文本信息抽取和预处理,在完成 Web 文档特征向量维数的缩减后,分析人员便可利用数据挖掘的各种方法,如分类、聚类、关联分析等来提取面向特定场景和应用领域的知识模式和知识关系。分析人员结合业务知识和相关理论,对知识模式的价值和含义进行判断,最后对挖掘结果进行评价,若评价结果满足一定要求则输出,否则返回到之前的某个环节,分析改进后进行新一轮的挖掘工作。

Web 文本挖掘的应用可扫码阅读"案例 9 - 1 今日头条推荐系统"。

随着移动端和多媒体技术的发展,Web 中包含的图像、音频、视频等多媒体内容数据日益增多,也需要进行挖掘和分析。Web 多媒体数据挖掘针对 Web 图像、视频、音频等数据,通过综合数据挖掘和多媒体信息处理技术进行知识发现和模式识别,它从大量 Web 图像、视频等数据集中,通过综合分析视听特征和语义,发现隐含的、有效的、有价值的、可理解的模式。Web 多媒体挖掘与

案例 9 - 1　今日头条推荐系统

Web 文本挖掘的不同点在于两者需要提取的特征不同,前者通常需要提取的特征包括图像或视频的 RGB 颜色值、轮廓等。

9.5　Web 使用挖掘

Web 使用挖掘（Web Usage Mining）是指通过挖掘 Web 日志记录来发现用户访问 Web 页面的模式。它是 Web 使用记录挖掘,对网站运营管理有重要意义,基于数据发现和模式识别,分析日志记录中的规律,可以识别用户的忠实度、喜好、满意度,可以发现潜在用户,增强站点的服务竞争力。例如,基于扩展有向树模型来识别用户浏览模式,从而进行 Web 日志挖掘,可以根据用户访问 Web 的记录挖掘用户的兴趣关联规则,存放在兴趣关联知识库中,作为对用户行为进行预测的依据,从而为用户预取一些 Web 页面,加快用户获取页面的速度。通过 Web 使用挖掘,对用户的访问内容、停留时间和频度等进行分析,可以得到关于用户访问行为和方式的普通知识,用以改进 Web 站点服务设计,或为用户提供个性化服务:

Web 使用挖掘应用可扫码阅读"案例 9 - 2　基于大数据的抖音推荐"。

Web 使用挖掘主要数据来源包括:用户浏览信息如访问的 URL、页面的大小、请求的时间、停留的时间、请求者的域名、用户和服务器状态等、用户会话过程记录或交易记录、

案例 9-2 基于大数据
的抖音推荐

COOKIES、用户态询语句、收藏夹、鼠标点击和滚动事件、其他交互的数据等等。通常 Web 使用挖掘通常要经过下面 3 个阶段。

（1）数据预处理阶段。这是使用记录信息挖掘最关键的阶段，数据预处理包括：数据清洗、用户识别、会话识别、路径补充和事件识别等。

（2）模式识别阶段。该阶段采用的方法包括：统计法、机器学习和模式识别等方法。实现算法可以是：统计分析、聚类、分类、关联规则、序列模式识别等。

（3）模式分析阶段。该阶段的任务是从上一阶段收集的数据集中过滤掉不感兴趣和无关联的数据及模式。

1. 数据预处理

数据预处理是 Web 挖掘中最关键的一个环节，其质量关系到使用挖掘过程和模式分析过程的质量。预处理包括数据清洗、用户识别、会话识别、路径补充和事件识别。

（1）数据清洗。其目的在于把日志文件中一些与数据分析、挖掘无关的项清除掉，剔除用户请求访问失败的记录以及用户请求方法中不是 GET 的记录。

（2）用户识别。这是预处理的第二步，因为日志文件只是记录了主机或代理服务器的 IP 地址，而要识别每一个用户，则可采用 Cookie 技术和用一些启发规则来帮助识别。

（3）会话识别。在时间区段较大的 Web 服务器日志中，用户有可能多次访问该站点。会话识别的目的就是将用户的访问记录划分成单个的会话。一般采用超时识别，如果用户请求的页面之间的时间超过一定间隔，则认为用户开始了一个新的会话。

（4）路径补充。确认 Web 日志中是否有重要的页面访问记录被遗漏，这个问题的产生是由于缓存的存在所致。路径补充的任务就是将这些遗漏的请求补充到用户会话文件之中，也可以根据引用日志和网络拓扑结构提供的信息把路径补充完整。

（5）事件识别。事件识别是与要挖掘什么样的知识有关，将用户会话针对挖掘活动的特定需要进行事件定义。

2. 模式识别

模型识别相关的算法有很多包括统计模型、关联规则、聚类、分类和模式识别等，其他领域的方法可以用来对数据抽象和 Web 挖掘服务。

1）统计模型

统计模型分析是提取知识最通用的方法。分析 session 文件时，各种分析法（频率，平均数，中值等）可对浏览页的各种变量进行统计，比如浏览页的浏览时间和浏览路径等。许多 Web 分析工具体能对统计信息诸如频率最高的访问页，一个页面的平均访问时间和一个站点的平均访问长度等给出周期性的报表。除此，还能提供有限的低层次的错误分析，比如检测未授权入口点，找出最常见不变的 URL 等。

2）关联规则

如挖掘用户在一个访问期间（Session）从服务器上访问的页面之间的联系，通过分析用户访问网页间的潜在联系而归纳出的一种规则。例如用 Apriori 算法的关联规则发现可以挖掘用户访问电商平台上电子产品的用户和访问运动设备的用户之间的内在关联。

除了应用于商务和市场营销，也可以帮助 Web 设计者对站点进行修改。

3）聚类

在 Web 使用领域，包括用户聚类和页面聚类。用户聚类是对具有相似浏览模式的用户进行分类。它在某些方面是很有用的，比如通过对用户行为进行推断和统计在电子商务应用中可以有效地对市场进行划分，或者给用户提供个性化的 Web 内容。页面聚类可以发现有相关内容的页面，可以用在互联网搜索引擎和 Web 关联提供领域。在这两种应用里，都可以根据用户的查询和历史信息，创建静态或动态的页面，为用户提供一些相关超链接的建议。

4）分类

分类主要在于发现属于特定类的用户模型，它要求抽取出最能反映一个给定类的特性，通过诱导学习机制和分类的过程，并通过用户归入某一特定类，以对同一类别中的用户提供相似的服务。

5）序列化模式

序列化模型技术试图发现项集的内部关系。比如在一个时间有序的 session 中一个项集是跟在另一个项集之后的。通过这种方法，Web 市场人员能预测将来的访问模式，这对特定用户群有目的的放置一些广告是有用的。

3．模式分析

模式分析是 Web 挖掘处理过程的最后一步。模式分析的动机是从模式发现阶段发现的规则或模型过滤掉其中不感兴趣的部分，为了对挖掘出来的模式加以很好利用，模式分析是十分必要的。模式分析是 Web 使用挖掘中最后一项重要步骤，其通过选择和观察把发现的规则、模式和统计值转换为知识，再经过模式分析得到有价值的模式，即我们感兴趣的规则和特点。模式分析通过数据可视化技术，以图形界面的方式提供给使用者，比如模式图形化或者为了在所有数据中强调所有的模式而给不同的值设置成不同的颜色。数据可视化技术包括集合方法、基于图标的方法、面向图像的方法、层次化方法和基于图表的方法等。

9.6　Web 结构挖掘

整个 Web 空间中，有用知识不仅包含在 Web 页面内容中，也包含在 Web 页间超链接结构与 Web 页面结构之中。由于 Web 在逻辑上是一个由文档节点和超链接构成的图，因此 Web 挖掘可以是针对 Web 结构的。Web 结构挖掘（Web structure Mining）希望从网站内部页面之间以及 Web 站点之间的链接关系结构中发现特定模式。进一步，挖掘模型对页面或站点进行分类和聚类分析，从而发现针对某个主题的权威站点或"轴心"站点。从 Web 结构挖掘的现状来看，网络结构挖掘研究多是和其他 Web 挖掘形式结合起来，如网络导航、搜索引擎排序、网页文本分类、网页重要性确定、信息分类与索引优化等方面。

在互联网日益发展的时代，不同实体间关系的分析至关重要，互联网上海量页面构成了网页链接的网络图，从图结构数据中挖掘其中隐藏的结构或模式是解决许多问题的基础。因此需要设计相应算法进行链接分析，从大量链接中找出最有价值的网页或者优化链接质量。在 Web 结构挖掘领域最著名的算法是 HITS(Hyperlink Induced Topic Search)算法和 PageRank 算法,他们的共同点是使用一定方法计算 Web 页面之间超链接的质量,从而得到页面的权重。两者都属于比较著名的链接分析方法,链接分析算法首先由加布里埃尔·平斯基(Gabriel Pinski)和弗朗西斯·纳林(Francis Narin)在 1976 年发明,其原理是即把链接图谱以矩阵的形式表示,从而转为特征值问题,而特征值有助于了解图谱结构及每个节点的相对重要性。

1. PageRank 算法

在搜索引擎中存贮了数以亿计的页面,很容易得到它们的链接结构,工程师需要做到的是寻找一种好的利用链接结构来评价页面重要性的方法。1998 年,布林(Brin)和佩吉(Page)提出了 PageRank 算法。该算法基于"从许多优质的网页链接过来的网页,必定还是优质网页"的回归关系,来判定网页的重要性。PageRank 算法认为从网页 A 导向网页 B 的链接可以看作是页面 A 对页面 B 的支持投票,根据这个投票数来判断页面的重要性。当然,不仅仅只看投票数,还要对投票的页面进行重要性分析,越是重要的页面所投票的评价也就越高。根据这样的分析,得到了高评价的重要页面会被给予较高的 PageRank 值,在检索结果内的名次也会提高。PageRank 是基于对"使用复杂的算法而得到的链接构造"的分析,从而得出的各网页本身的特性。

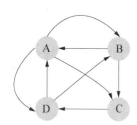

图 9-3　PageRank 网页投票

PageRank 的基本思想是:一个页面被多次引用,则这个页面很可能是重要的;一个页面尽管没有被多次引用,但被一个重要页面引用,该页面也可能是很重要的;一个页面的重要性被均分并被传递到它所引用的页面(见图 9-3)。PageRank 计算流程如下:

(1) 假设一个由四个网页 A,B,C,D 组成的集合,如果所有页面都只是链接到 A,那么 A 的 PR(PageRank)值是 B,C,D 的 PageRank 值总和

$$PR(A) = PR(B) + PR(C) + PR(D) \tag{9-1}$$

(2) 假设 B 链接到 A 和 C,C 只链接到 A 并且 D 链接到其他的所有页面,每一个页面只有一票,则 B 给每个页面半票,D 投出的票只有 1/3 在 A 的 PageRank 上。

$$PR(A) = \frac{PR(B)}{2} + \frac{PR(C)}{1} + \frac{PR(D)}{3} \tag{9-2}$$

(3) 根据链出总数平分一个页面的 PR 值。

$$PR(A) = \frac{PR(B)}{L(B)} + \frac{PR(C)}{L(C)} + \frac{PR(D)}{L(D)} \tag{9-3}$$

(4) 所有这些被换算为一个百分比乘上一个系数 d,没有外链的网页 PageRank 会是 0,系统给一个最小值 $(1-d)/N$,因此 A 的 PageRank 值如

$$PR(A) = \left(\frac{PR(B)}{L(B)} + \frac{PR(C)}{L(C)} + \frac{PR(D)}{L(D)} + \cdots \right) d + \frac{1-d}{N} \tag{9-4}$$

2. HITS 算法

HITS 算法是由康奈尔大学（Cornell University）的乔恩·克莱因伯格（Jon Kleinberg）博士于 1998 年首先提出。他认为，既然搜索是开始于用户的检索提问，那么每个页面的重要性也就依赖于用户的检索提问。他将用户检索提问分为三种：特指主题检索提问（specific queries）、泛指主题检索提问（broad-topic queries）和相似网页检索提问（similar-page queries）。HITS 算法专注于改善泛指主题检索的结果。Kleinberg 将网页（或网站）分为两类，即 hubs 和 authorities，而且每个页面也有两个级别，即 hubs（中心级别）和 authorities（权威级别）。authorities 是具有较高价值的网页，依赖于指向它的页面；hubs 为指向较多 authorities 的网页，依赖于它指向的页面。HITS 算法的目标就是通过迭代计算得到针对某个检索提问的排名最高的 authority 的网页。通常 HITS 算法是作用在一定范围的，例如一个以程序开发为主题的网页，指向另一个以程序开发为主题的网页，则另一个网页的重要性就可能比较高，但是指向另一个购物类的网页则不一定。在限定范围之后根据网页的出度和入度建立一个矩阵，通过矩阵的迭代运算和定义收敛的阈值不断对两个向量 authority 和 hub 进行更新直至收敛。

HITS 算法是与用户输入的查询请求密切相关的，但 PageRank 与查询请求无关。所以 HITS 算法可以单独作为相似性计算评价标准，而 PageRank 必须结合内容相似性计算才可以用来对网页相关性进行评价。HITS 算法因为与用户查询密切相关，所以必须在接收到用户查询后进行实时计算，计算效率较低；而 PageRank 则可以在爬虫抓取完成后进行离线计算，在线可以直接使用计算结果，计算效率较高。HITS 算法的计算对象数量较少，只需计算扩展集合内网页之间的链接关系；而 PageRank 是全局性算法，对所有互联网页面节点进行处理。从两者的计算效率和处理对象集合大小来比较，PageRank 更适合部署在服务器端，而 HITS 算法更适合部署在客户端。HITS 算法存在主题泛化问题，所以更适合处理具体的用户查询；而 PageRank 算法在处理宽泛的用户查询时更有优势。HITS 算法在计算时，对于每个页面需要计算两个分值，而 PageRank 算法只需计算一个分值即可；在搜索引擎领域，更重视 HITS 算法计算出的 Authority 权值，但是在很多应用 HITS 算法的其他领域，Hub 分值也起到很重要的作用。

习　题

1. 简述 Web 挖掘概念。
2. Web 挖掘流程包括哪几个阶段？
3. 简述 Web 内容挖掘。
4. 简述 Web 结构挖掘。
5. 简述 Web 使用挖掘。
6. PageRank 算法的原理是什么？
7. HITS 算法的主要思想是什么？

References

参考文献

［1］ 陈红晓,寇钢,刘咏梅. 商务智能与数据挖掘[M]. 1 版. 北京:高等教育出版社,2018.

［2］ 张良均,谭立云,刘名军,等. Python 数据分析与挖掘实战[M]. 2 版. 北京:机械工业出版社,2021.

［3］ EMC Education Services. 数据科学与大数据分析[M]. 曹逾,刘文苗,李枫林,译. 北京:人民邮电出版社,2016.

［4］ Pang-NingTan, Michael Steinbac, Vipin Kumar. 数据挖掘导论(完整版)[M]. 范明,范宏建,译. 北京:人民邮电出版社,2011.

［5］ Jiawei Han, Micheline Kamber, Jian Pei. 数据挖掘:概念与技术(原书第 3 版)[M]. 范明,孟小峰,译. 北京:机械工业出版社,2012.

［6］ 赵志升,梁俊花,李静,等. 大数据挖掘[M]. 1 版. 北京:清华大学,2019.

［7］ 李竹林,刘芬. 数据挖掘算法研究与实现[M]. 北京:中国水利水电出版社,2017.

［8］ Ramesh Sharda, Dursun Delen, Efraim Turban. 商务智能与分析:决策支持系统[M]. 10 版. 叶强,徐敏,方斌,译. 北京:机械工业出版社,2018.

［9］ Daniel T. Larose,Chantal D. 数据挖掘与预测分析[M]. 2 版. 王念滨,宋敏,裴大茗,译. 北京:清华大学出版社,2017.

［10］ Jeffrey D. Camm, James J. Cochran. 商业数据分析[M]. 耿修林,宋哲,译. 北京:机械工业出版社,2017.

［11］ 哎呦-_-不错. 数据挖掘实战—商品零售购物篮分析[EB/OL].［2021 - 4 - 7］https://blog. csdn. net/ weixin_46649052/article/details/115471055.

［12］ 周志华. 机器学习[M]. 北京:清华大学出版社,2016.

［13］ 刘红岩. 社会计算:用户在线行为分析与挖掘[M]. 北京:清华大学出版社,2014

［14］ Brin S, Page L. The anatomy of a large-scale hypertextual web search engine[J]. Computer networks and ISDN systems, 1998, 30(1 - 7): 107 - 117.

［15］ Bakshi R K, Kaur N, Kaur R, et al. Opinion mining and sentiment analysis[C]. 2016 3rd international conference on computing for sustainable global development (INDIACom). IEEE, 2016: 452 - 455.

［16］ Chakrabarti S, Dom B E, Kumar S R, et al. Mining the Web's link structure[J]. Computer, 1999, 32(8): 60 - 67.

［17］ Chen H, Chiang R H L, Storey V C. Business intelligence and analytics: From big data to big impact[J]. MIS quarterly, 2012, 36(4): 1165 - 1188.

［18］ Chen M, Mao S, Liu Y. Big data: A survey[J]. Mobile networks and applications, 2014, 19(2): 171 - 209.

［19］ Dempster A P, Laird N M, Rubin D B. Maximum likelihood from incomplete data via the EM algorithm[J]. Journal of the Royal Statistical Society：Series B（Methodological），1977，39(1)：1 - 22.

[20] Schank R C. Dynamic memory：A theory of reminding and learning in computers and people[M]. New York：Cambridge University Press，1982.

[21] Chen X，Wu M，Tan C，et al. A random intuitionistic fuzzy factor analysis model for complex multi-attribute large group decision-making in dynamic environments[J]. Fuzzy Optimization and Decision Making，2021，20(1)：101 - 127.

[22] 陈晓红，唐立新，李勇建，等. 数字经济时代下的企业运营与服务创新管理的理论与实证[J].中国科学基金,2019,033(003):301 - 307.

[23] Deng W，Shi Y，Chen Z，et al. Recommender system for marketing optimization[J]. World Wide Web，2020，23(4)：1 - 21.

[24] Krippendorff K. Content analysis：An introduction to its methodology（FOURTH EDITION）[M]. London：Sage publications Inc，2018.

[25] Kleinberg J M. Authoritative sources in a hyperlinked environment[C]//SODA. 1998：668 - 677.

[26] Vapnik V. The nature of statistical learning theory（Second Edition）[M]. New York：Springer science & business media，1999.

[27] Rumelhart D E，Hinton G E，Williams R J. Learning representations by back-propagating errors[J]. nature，1986，323(6088)：533 - 536.

[28] 周飞燕,金林鹏,董军. 卷积神经网络研究综述[J].计算机学报,2017,40(6):1229 - 1251.

[29] 焦李成,杨淑媛,刘芳,等. 神经网络七十年:回顾与展望[J].计算机学报,2016,39(8):1697 - 1716.

[30] Fortunato S. Community detection in graphs[J]. Physics reports，2010，486(3 - 5)：75 - 174.

[31] Hartigan J A，Wong M A. Algorithm AS 136：A k-means clustering algorithm[J]. Journal of the royal statistical society. series c (applied statistics)，1979，28(1)：100 - 108.

[32] Liben-Nowell D，Kleinberg J. The link-prediction problem for social networks[J]. Journal of the

[33] American society for information science and technology，2007，58(7)：1019 - 1031.

[34] 刘红岩,陈剑,陈国青. 数据挖掘中的数据分类算法综述[J].清华大学学报(自然科学版),2002,42(006):727 - 730.

[35] 陈国青,吴刚,顾远东,等. 管理决策情境下大数据驱动的研究和应用挑战——范式转变与研究方向[J].管理科学学报,2018,21(7):1 - 10.

[36] 杜小勇,卢卫,张峰. 大数据管理系统的历史,现状与未来[J].软件学报,2019,30(01):130 - 144.

[37] 杜小勇,陈跃国,范举,等. 数据整理——大数据治理的关键技术[J].大数据,2019,5(03):13 - 22.

[38] 孙吉贵,刘杰,赵连宇. 聚类算法研究[J].软件学报,2008,19(1):48 - 61.

[39] Serrano-Guerrero J，Olivas J A，Romero F P，et al. Sentiment analysis：A review and comparative analysis of web services[J]. Information Sciences，2015，311：18 - 38.

[40] Schaeffer S E. Survey：Graph clustering[J]. Computer Science Review，2007，1(1)：27 - 64.

[41] 孙艳,周学广,付伟. 基于主题情感混合模型的无监督文本情感分析[J].北京大学学报:自然科学版,2013,49(1)：102 - 108.

[42] 韩家炜,孟小峰,王静,等. Web 挖掘研究[J].计算机研究与发展,2001,38(4)：405 - 414.

[43] Friedman N，Geiger D，Goldszmidt M. Bayesian network classifiers[J]. Machine learning，1997，29(2)：131 - 163.

[44] Wu X，Kumar V，Quinlan J R，et al. Top 10 algorithms in data mining[J]. Knowledge and information systems，2008，14(1)：1 - 37.

[45] Yidong Chai，Hongyan Liu，Jie Xu. A New Convolutional Neural Network Model for Peripapillary Atrophy Areas Segmentation from Retinal Fundus Images[J]. Applied Soft Computing，2019，86，2020.

[46] Xu R，Wunsch D. Survey of clustering algorithms[J]. IEEE Transactions on neural networks，2005，16(3)：645－678.

[47] J. Van den Hoven. Data Marts：Plan Big，Build Small[J]. in IS Management Handbook，8th ed.，CRC Press，Boca Raton，FL，2003.

[48] T Ariyachandra，H Watson. Which Data Warehouse Architecture Is Most Successful? [J]. Business Intelligence Journal，2006，11(1)：4－6.

[49] M Breslin. Data Warehousing Battle of the Giants：Comparing the Basics of Kimball and Inmon Models[J]. Business Intelligence Journal，2004，9(1R)：6－20.

[50] Ramesh Sharda，Dursun Delen，Efraim Turban. 商务智能：数据分析的管理视角(原书第 3 版)[M]. 赵卫东，译. 北京：机械工业出版社，2016.

[51] 刘红军. 信息管理概论(第三版)[M]. 北京：科学出版社，2016.

[52] 赵卫东. 商务智能(第四版)[M]. 北京：清华大学出版社，2016.

[53] 宗秀倩. 诺基亚缘何失败? 谨记这六大教训[EB/OL]. [2013]腾讯科技，https：//tech. qq. com/a/20130903/015335. htm.

[54] 王珊，萨师煊. 数据库系统概论[M]. 5 版. 北京：高等教育出版社，2014.

[55] William H. Inmon. 数据仓库[M]. 4 版. 王志海，等，译. 北京：机械工业出版署，2006.

[56] Hu M，Liu B. Mining and summarizing customer reviews[J]. Proceedings of the tenth ACM SIGKDD international conference on Knowledge discovery and data mining，2004，卷(期)168－177.

[57] 朱嫣岚，闵锦，周雅倩，等. 基于 How Net 的词汇语义倾向计算[J]. 中文信息学报，2006，20(1)：14－20.

[58] 张宏远. 数据中台的通用体系架构研究[J]. 通信技术，2021，54(6)：1451－1455.

[59] 韩嬑，展祎萌，李义彪. 央视网的融媒体数据中台实践[J]. 现代电视技术，2019(6)：90－93＋48.